なるほどイシューからの使えるロジカルシンキング

和氣忠
Waki Tadashi

かんき出版

はじめに

イシューとは、一体なんなのか、あなたはその定義を説明できますか?

また、ロジカルシンキングについて、何冊も本を読んで学んだり、研修を受けたりしたものの、うまく仕事の場面では活かせていないと感じてはいませんか?

イシューには複雑なイメージがあるかもしれませんが、じつはとてもシンプルです。


例えば、何がイシューで何がイシューではないのか?

その判断基準は、

- 解けるか?
- 解けた結果のインパクトがデカいか?

これだけです。

これさえ覚えれば、イシューを見極められるようになります。

私は、マッキンゼーでコンサルタントをしていたときに、諸先輩との会話やチームメンバーとの議論の中から、この判断基準を信じるようになりました。

そして、マッキンゼーでマネジャートレーニングのリーダーになってから、また、その後にアクセンチュアの戦略コンサルティングのマネジングディレクターになってからも、マネジャートレーニングの教材にこの判断基準を含めて、トレーニングを実施しました。

「何がイシューで何がイシューではないのか？」については、この後、本編にて具体的に解説します。

まず、イシューについて、サッと理解しましょう。

難解なイメージがあるかもしれませんが、その定義はたった2行で理解できるほどに、わかりやすく、シンプルなものなのです。

そして、「使えるロジカルシンキング」を身に付けましょう。

イシューはロジカルシンキングの「小さな一部分」であり、その先には、奥深く、そして知的好奇心をくすぐる「思考の世界」が広がっています。


そもそも「ロジカルシンキング」とはどんなものなのか？

その全体像としてどんなことまでを包含しているのか？

そして、どのように実践で活かしていくのか？

その答えも、とてもシンプルです。


本書では、イシューについてサッと理解をしてもらい、その先のロジカルシンキングの全体像と基本技を解説します。

そして、後半では、ビジネス・日常シーンで役立つ具体的なロジカルシンキングの「型」を共有し、最終章では、ロジカルシンキングと発想法の関係についても解説します。挫折してしまう人が多い「ピラミッドストラクチャー」についてもわかりやすく解説します。

本書の内容は、読者の皆さんが、サクッと真似できるように、そして、真似しながら体得していけるように組み立てました。

私は、生来、直感的な思考性格で、ロジカルシンキングは不得意でした。マッキンゼーに入社して、「あなたは右脳人間、そのまま話すとバカと見られる、しっかり説明できるよう整理して語るように」とアドバイスされました。

そのとき、私は、自分にとってロジカルシンキングを磨くことが、職業上生き残っていくために必須の技（後天的に身に付けるべきスキル）と強く認識しました。

マッキンゼー時代には、問題解決の基本やピラミッドストラクチャー、ストーリー展開について徹底的に叩き込まれ、必死で研鑽しました。それでも、独り立ちできるようになった、と実感できるまでに2年以上かかりました。

その後、マネジャートレーニングや企業の問題解決スキルアップなどにも関わりましたが、どうも、ロジカルシンキングがとても狭く捉えられていてもったいないと感じるようになったのです。

ロジカルシンキングは、さまざまなシーンにおいて、「目的を達成するための思考技術」であり、「段取りや軌道修正、コミュニケーションスタイルや感情までも含めて巧みに組み立てる統合技術」であると考えるようになりました。

ロジカルシンキングは、ビジネスシーンのみのスキルではありません。いつでもどこでも有用なもので、感情的な側面まで含めてロジカルシンキングの対象とすべきです。

すなわち、「ロジカルシンキング」は、自らの思考を進めるため、さらに、協力者・サポートを得て、個人では不可能なことでもチーム活動として可能とするため、また、家族も含めた人間関係や共同生活環境をよりポジティブに心地よくするために、とても有効な社会生活上の基本スキルです。


そして、私自身は苦労して身に付けましたが、長年の実践を経て、じつは、要点を押さえれば、もっとシンプルに苦労少なく身に付けられるはずだろうと思うに至りました。この要点を、後天的に、誰でも習得できるようにまとめたものが本書です。

ぜひ、本書の内容を真似して、実践しながら、ロジカルシンキングを磨いていきましょう。

それでは、始めます。

目次

第3章 よくある罠に注意して

第4章

基本技を理解しよう

第7章 ロジカルシンキングと発想法

ブックデザイン　沢田幸平（happeace）
DTP　佐藤 純（アスラン編集スタジオ）

第1章

「ロジカルシンキング」ってどういうシンキング？

「ロジカルシンキング」とは、どういうシンキングなのでしょうか？「ロジカルシンキング」という言葉がそこかしこで語られるようになっていますが、一体どういうものなのでしょうか？

文字通りに「論理的思考法」と読み替えたところで、具体的にはイメージしづらかったりはしないでしょうか？

本章では、まず、「イシューの定義」から始めます。そして、ロジカルシンキングをどう理解して、どのような場面で活用するのか、その全体像を解説します。

1-1

イシューとは?

- ☑ 解き得る
- ☑ 解けた結果が大きな効果・インパクトをもたらす

あらためて、イシューについて、あなたはその定義を説明できますか？

今や、ビジネスパーソンに広く知られた言葉ですが、意外と、きちんとその定義を理解している人は少ないように感じます。

「イシュー」とは、解き得るもので、解けた結果が大きな効果・インパクトをもたらす問題・課題を指します。じつはイシューの定義はとてもシンプルです。

イシューの定義

① 解き得る

② 解けた結果が大きな効果・インパクトをもたらす問題・課題

具体的に考えていきましょう。

次に記す課題は「イシュー」でしょうか？

■ 課題Ⅰ：「地震を予知できない」

■課題2：「地震被害が大きい・軽減できない」
■課題3：「少子高齢化が進む」
■課題4：「医療費・年金負担が重荷となって社会保障制度の存続が危うい」
■課題5：「社員食堂の食事が美味しくない」

課題1は、「イシュー」ではありません。「（数日・数時間後の）地震の予知」は、現在の科学技術では確度高く予知できないからです。すなわち、現在の科学技術のレベルでは「解き得ない」課題です。

とはいえ「解けた時にはインパクトは絶大」という課題です。「（数日・数時間後の）地震を予知できない」という課題は「イシュー」ではありませんが、とても価値のある科学技術分野の研究テーマです。

今後、技術がさらに進んで、数日・数時間後の地震予知が有意な確度で可能となれば、「（数日・数時間後の）地震を予知できない」は「イシュー」となります。

課題2は「イシュー」です。地震が起こった後の「被害を軽減する」という問題を解くことは十分に可能です。

建物やインフラ設備の耐震・防火構造、避難・救助対策などを駆使して被害を軽減することができます。

そして、その結果としての社会生活へのインパクトは言うまでもなく絶大です。

課題3は「イシュー」ではありません。当面に限れば、少子化や高齢化が進むことは過去の出生数によってすでに決定済みの将来動向です。したがって、解き得ません。もちろん、出生率を上げて多子化できますが、高齢者比率が下がって若齢化に至るまでに相当の年月を要します。

一方、少子高齢化が仮に解けて、多子化・若齢化が進めば、社会保障制度、経済活動に対して大きなインパクトがあることは明らかです。

補足として、少子高齢化課題を語っている時、「全体観・ユニバース」を日本、あるいは、先進国群と無意識に定義していることに注意する必要があります。全体観・ユニバースの定義を地球規模まで拡げて捉えると、そもそも「少子高齢化が進む」と一様に課題設定することが現状にそぐわないでしょう。「全体観・ユニバース」については、この後、第2章第2節「全体観：MECEよりもまず『ユニバース』が大事！」で解説します。

課題4は「イシュー」です。社会保障制度を存続させる方法はさまざまあり得ます。単純化して考えると、個人の予防努力を進めて疾病療養者・重大疾病者の数を減らし、健康人口率を増やして、人生における就労年数を拡大する方向です。

この方向を現実的な具体策へ落とし込んでいく工夫と努力が求められます。そして、社会保障制度の収支が健全化できれば社会保障制度の存続は担保され、社会生活にもたらすインパクトは絶大です。

課題5はケースバイケースで「イシュー」である、あるいは、「イシュー」ではない、の双方ともなり得ます。

「イシュー」とはならないケースは、「社員食堂の食事が美味しくない」状況であっても、会社の業績や社員の生活・健康に何ら影響がないケースです。

もちろん、この課題は、具体的な改善フィードバックを食堂へ伝える、食堂の委託先を代えるなどによって十分に解くことができます。

とはいえ、大きなインパクトに至らないのであれば「イシュー」にはなりません。

一方、食堂の運営委託を受けている委託側の会社にとっては明確なビジネス「イシュー」です。

解くことができて、解けた結果としてのインパクトは、当該契約の継続、さらに、他の案件へのネガティブな悪影響の排除と、ビジネスとして大きなインパクトにつながります。

また、人里離れた工業地帯に立地する工場の社員食堂の場合も「イシュー」となり得ます。

社員食堂以外に食事が食べられる場所がないような立地では、近隣の工場間で、「社員食堂の食事が美味しい」ことが工員獲得競争において有利となるからです。その背景は、有能な工員を採用して継続的に雇用し続けるための給与条件以外の最重要要因の一つが「社員食堂の食事が美味しい」ことだという実情です。

したがって、このような工場では「社員食堂の食事が美味しくない」問題は、解くことができて、解けた結果としてのビジネスインパクトが大きいので「イシュー」となります。

「イシュー」について、具体的なイメージが湧いてきたでしょうか。

「イシュー」についてさらに解説を進めましょう。

「イシュー」は、目的設定があってはじめて「イシュー」として記述されます。そして、問題解決のプロセスの中で「イシュー」は、大きな括りの「イシュー」から細分化される方向へ、あるいは、次のステージの段階へと転じるよう展開していきます。


まず、目的設定があってはじめて「イシュー」が記述される、についてです。

「イシュー」の定義は、①解き得る、そして、②解けた結果が大きな効果・インパクトをもたらす問題・課題、とお伝えしました。
②の「解けた結果」とは、じつは、目的設定そのものです。
すなわち、「イシュー」を具体的に記述するためには、目的を明確に定めることが必須です。ところが、しばしば目的設定が曖昧なまま「イシュー」を設定してしまい

がちです。

「イシュー」を具体的、かつ、有意義に設定・記述するために、「目的設定がスタートライン」であることをしっかり意識してください。

では、本節の冒頭で挙げた課題1から課題5のうち、イシューと認められた課題2、課題4、課題5について、それぞれの目的を記述してみましょう。

■ 課題2：「地震被害が大きい・軽減できない」の目的は、「地震発生後のインフラ、ライフライン被害、さらに、事故被害を軽減して、当該地域の生活者の命を守り、身体損傷を最小化する、さらに、できるだけ早期に生活・経済的に復興できるよう事前の対策を整える」。すなわち、この「イシュー」における大きな効果・インパクト、目的とは、「当該地域の生活者の命を守り、身体損傷を最小化する、さらに、できるだけ早期に生活・経済的に復興できる」ことです

■ 課題4：「医療費・年金負担が重荷となって社会保障制度の存続が危うい」の目的は、「社会保障制度を永続させて、国民が安心して生活して人生を全うし、

社会としては平和で一国として自立した経済活動が永続できるようにする」。すなわち、この「イシュー」における大きな効果・インパクト、目的とは、「国民が安心して生活して人生を全うし、さらに、平和で一国として自立した経済活動が永続する」ことです

■課題５：「社員食堂の食事が美味しくない」の目的は、人里離れた工業地帯に立地する工場のケースでは、「社員食堂の食事を美味しくして、有能な工員を数多く採用して定着させる」。すなわち、この「イシュー」における大きな効果・インパクト、目的とは、「当地域で獲得競争となっている有能な工員を数多く採用して定着させる」ことです

このように「イシュー」を設定して記述する時には、必ず、解けた結果の効果・インパクト、すなわち、「目的」を明確にします。

どのように目的を明確に記述するのか、については、第2章第1節「目的を明確に定めることがスタートライン」で解説します。

イシューと目的

「目的」を達成するために「イシュー」が記述される

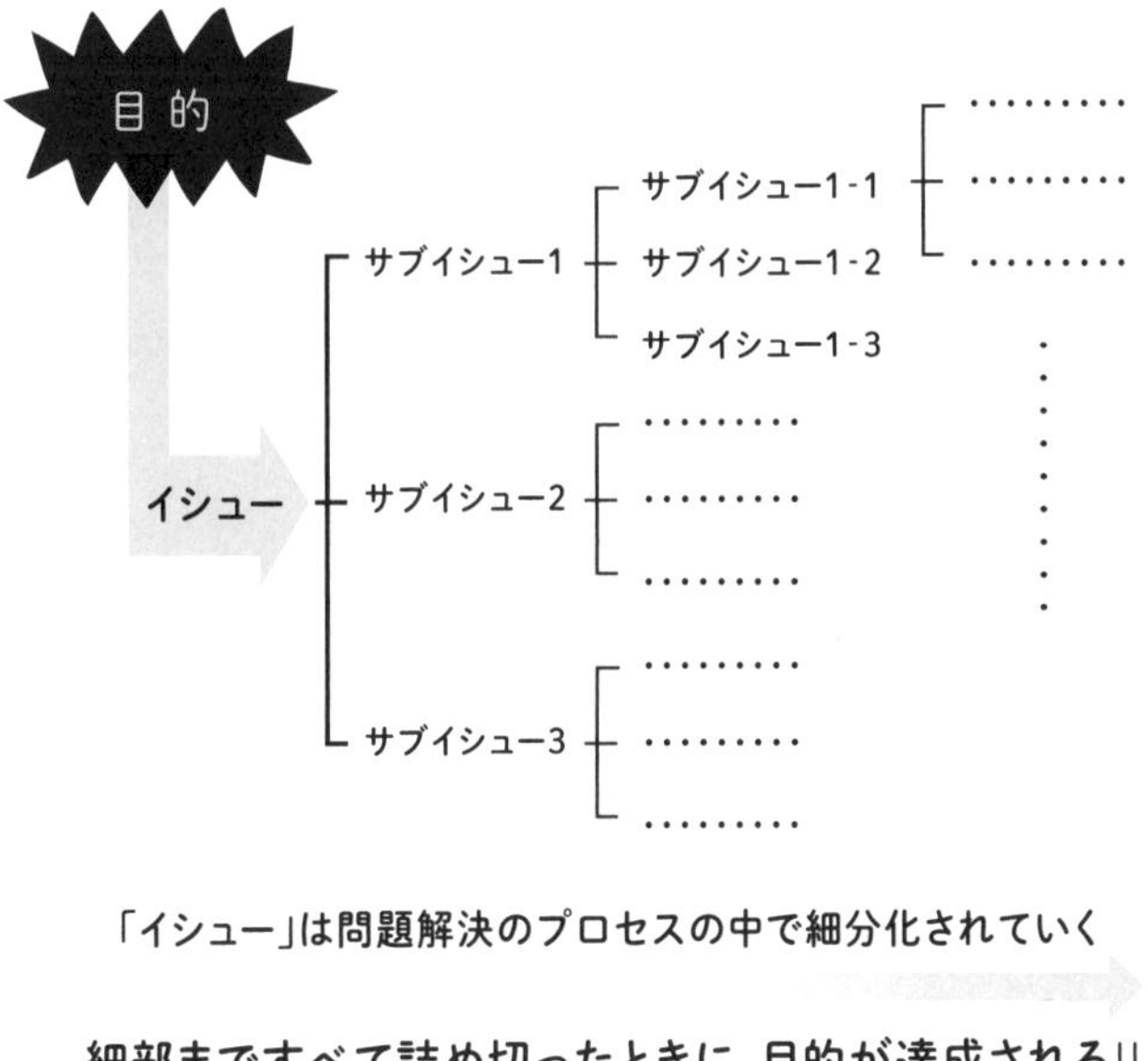

「イシュー」は問題解決のプロセスの中で細分化されていく

細部まですべて詰め切ったときに、目的が達成される!!

次に、問題解決のプロセスの中で「イシュー」は、大きな括りの「イシュー」から細分化される方向へ、あるいは、次のステージの段階へと転じるよう展開する、についてです。先ほどの課題2、課題4、課題5として記述された「イシュー」は、大きな括りの「イシュー」です。それは、そもそもの「目的」を達成するために設定された「イシュー」の記述となっています。

この大きな括りの「そもそものイシュー」に対して問題解決を進めます。問題解決のゴールは、言うまでもなく「目的」の達成です。

そのためには、目的達成の十分条件をカバーして、そのすべてを充足することが必要です。そのために、目的達成の十分条件を構成する項目・要素は何なのか？という分解作業へ進みます。

この分解されたそれぞれの項目・要素について、さらに「イシュー」としての設定・記述が展開されます。

これを、サブイシューへの展開といいます。

このサブイシューが解けなければ、目的達成の十分条件が充足されないので、このサブイシューが解けた結果の効果・インパクトは間違いなく大きいです。

課題5：「社員食堂の食事が美味しくない」を例として、もう少し具体的に考えてみましょう。

そもそもの大きな括りの「イシュー」としてもう少し具体的に記述すると、「工場の社員食堂の食事が美味しくないために、他の工場へ有能社員が流れてしまっている」と記述されます。

そして、この「イシュー」に対する「サブイシュー」の一つとして、「食材が劣っている」、さらに、その先の「サブイシュー」が、「食材費が少なくて使いたい食材が買えない」、あるいは、「同じ価格でも優れた食材を提供してくれる食材卸と取引ができない」などといった、サブイシューへ展開されていきます。

目的達成の十分条件をすべて充足して問題解決を完結する作業は、このようなサブイシューへと分解をして、それを次々と解いていくプロセスです。

問題解決を進めていくプロセスでは、サブイシューを解いていく段階で、あるいは、解けた後に、さらにその先のサブイシューが見えてくることが通例です。

また、とあるサブイシューを解いていく過程で、このサブイシューは、解けても効果・インパクトが出ない、あるいは、大きな障害に突き当たって、解けるはずの目論見が外れてしまい、解けないと判明して、「イシュー」ではなくなってしまう、ということもあり得ます。

このような時は、あらためて、目的達成の十分条件を満たせるようサブイシューの切り口を変えていきます。

このように、目的を達成するため、すなわち、そもそもの大きな括りのイシューを解く問題解決のプロセスでは、イシューがどんどんサブイシューへ分解・展開されていきます。

これは、結局、目的達成のためには、細部まで詰め切らなくてはならない、と言われることとまったく同じです。

「イシュー」と「イシューではない単なる問題・課題」の区別をはっきりと意識しま

しょう。

これができると、「イシューではないこと」に、リソースや時間を安易に投入しなくなって、生産性の向上・効率向上につながり、さらに、本気でリソースや時間を投入して取り組んでいくべき「イシュー」に集中できるようになります。

1-2

「ロジカルシンキング」は、思考の言語ルール・エチケット

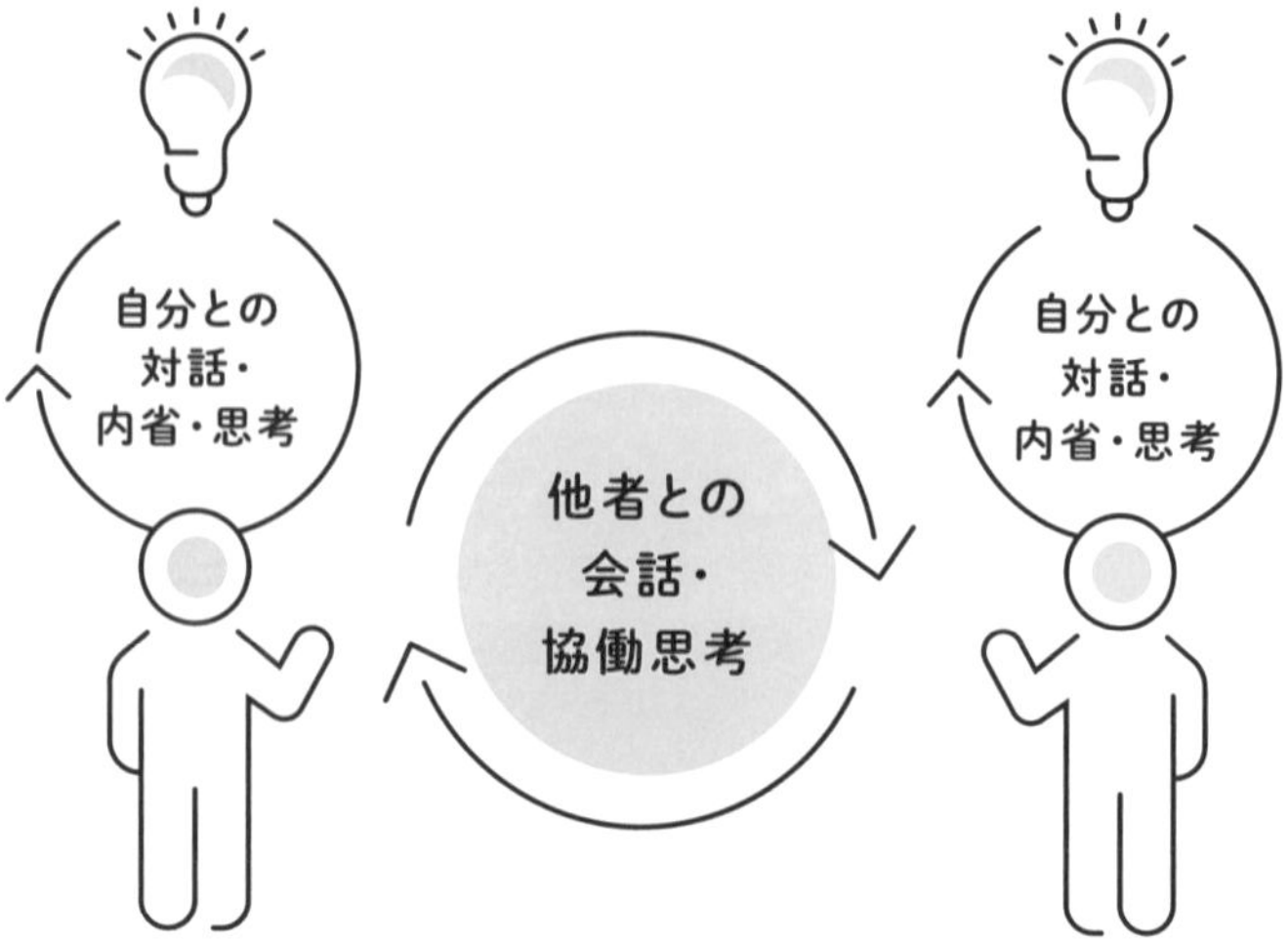

「ロジカルシンキング」は、言語ルール・エチケットです。

言語は自分自身の思考のため、そして、自分の考えていることや表現したいことを相手に伝えて共感・理解してもらうための最重要手段です。

「ロジカルシンキング」も言語ルールと同じく、自分自身の思考を進めて、自分の考えていることや表現したいことを第三者へ伝えて共感・理解してもらうための重要手段です。

「ロジカルシンキング」は、論理的な思考を進める言語ルールであり、ある考えを第三者へ伝えて共感・理解・納得・合意・承認・協力・サポートを得るための言語およびストーリー展開のルールです。

また、相手と論理的なコミュニケーションを重ねていくためのエチケットでもあります。したがって、**言語ルール・エチケットである「ロジカルシンキング」は、ビジネスシーンに限られた特別な専門スキルではありません。**

ビジネスに限らず、日常生活・趣味・コミュニティ活動など、さまざまなシーンにおいて有用です。

そして、言語と同じく、練習を重ねて後天的に取得できるものです。

1-3

「ロジカルシンキング」で日常がラクになる!

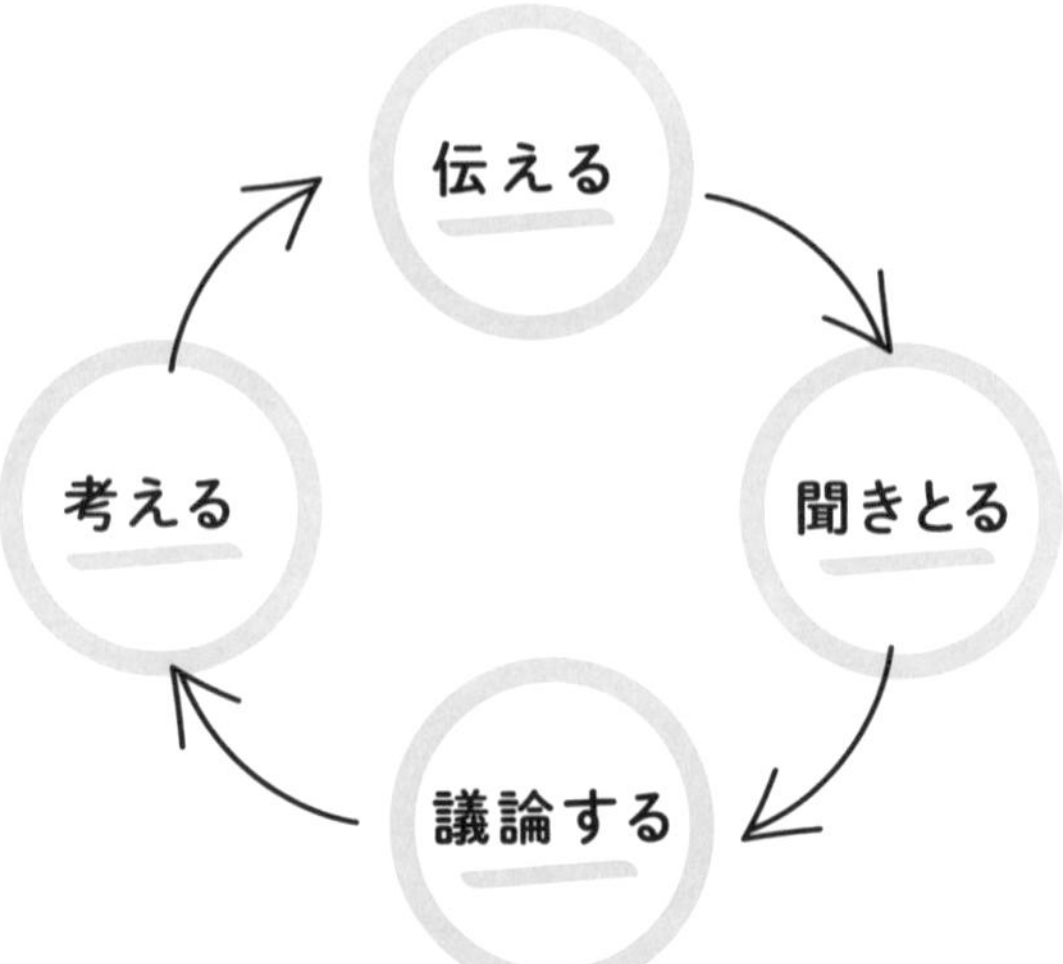

「ロジカルシンキング」は考える・伝える・聞き取る・議論する、それぞれの場面で日常的に活用されます。そして、「ロジカルシンキング」がうまくできると、ビジネスシーンのみならず日常生活もラクになります。

「ロジカルシンキング」を日常生活で多用するとコミュニケーションがドライでギスギスしてしまう、したがって、「ロジカルシンキング」はビジネスでしか使えないスキルである、と狭く捉えてしまうのは、あまりにも早計でもったいない「勘違い」です。

コミュニケーションがドライでギスギスしたものとなってしまう真の原因は「ロジカルシンキング」ではなく、コミュニケーションスタイルの選択ミスです。

「ロジカルシンキング」は、まず、自分自身が考える、考えを探究する、考えをまとめるために必須です。

そして、考えたことをどう伝えるか、伝え方の設計においても必須です。誰に何を目的に伝えるのか、その目的とは、伝えた後に聞き手がどのような反応・アクションに至ったら目的達成となるのか、その聞き手はどんなヒトなのか、どんな考えを持っているのか、伝えたいことに対してどのように反応しそうか。聞き手に何がしかの認識変更、行動変更を期待するなら、そのために留意すべき制約条件は何か。
これらを理解したうえで、さらに、実際にどんな方法で伝えるのか。

- 対面か
- 一対一か
- 場所は
- 日時は
- 座り方は
- 話し方のトーンは
- 話す内容の組み立て・順番は

などの組み立て・設計で、「ロジカルシンキング」が必要です。

また、聞き取るところでも、話の展開を理解する、そして、疑問が感じられる部分・確認が必要な部分をその場で漏れなく察知する、あるいは、相手から聞き取りたいことを、どううまく聞き出すか、どんな質問を組み立てるか、曖昧な返事の際には、どのような追い討ち質問ではっきりとした内容を聞き出すかなどでも「ロジカルシンキング」が必要になります。

特に、話し手の論理的な不足部分を察知する、また、知りたいことを聞き出すための呼び水となる質問を組み立てる、といった場面では「ロジカルシンキング」の仮説思考がとても有効です。

議論においても「ロジカルシンキング」はもちろん必要です。

議論の「目的」を明確に共通認識として、論理的に議論を展開して参加者の間で、共感・理解・納得・合意・承認・協力・サポートへ至ります。

この時、それぞれの立場によって議論の「目的」あるいは「議論の結果となる成功の定義」が異なることが通例です。

それぞれの立場による「目的」「議論の結果となる成功の定義」がどう異なるのか、立場、目的の違いをどう乗り越えて折り合いをつけ、ウィン・ウィンの結論へ至るのかなど、交渉術が必要となる議論にて「ロジカルシンキング」は必須です。

1-4

「ロジカルシンキング」がすべてを統合して機動力を発揮する!

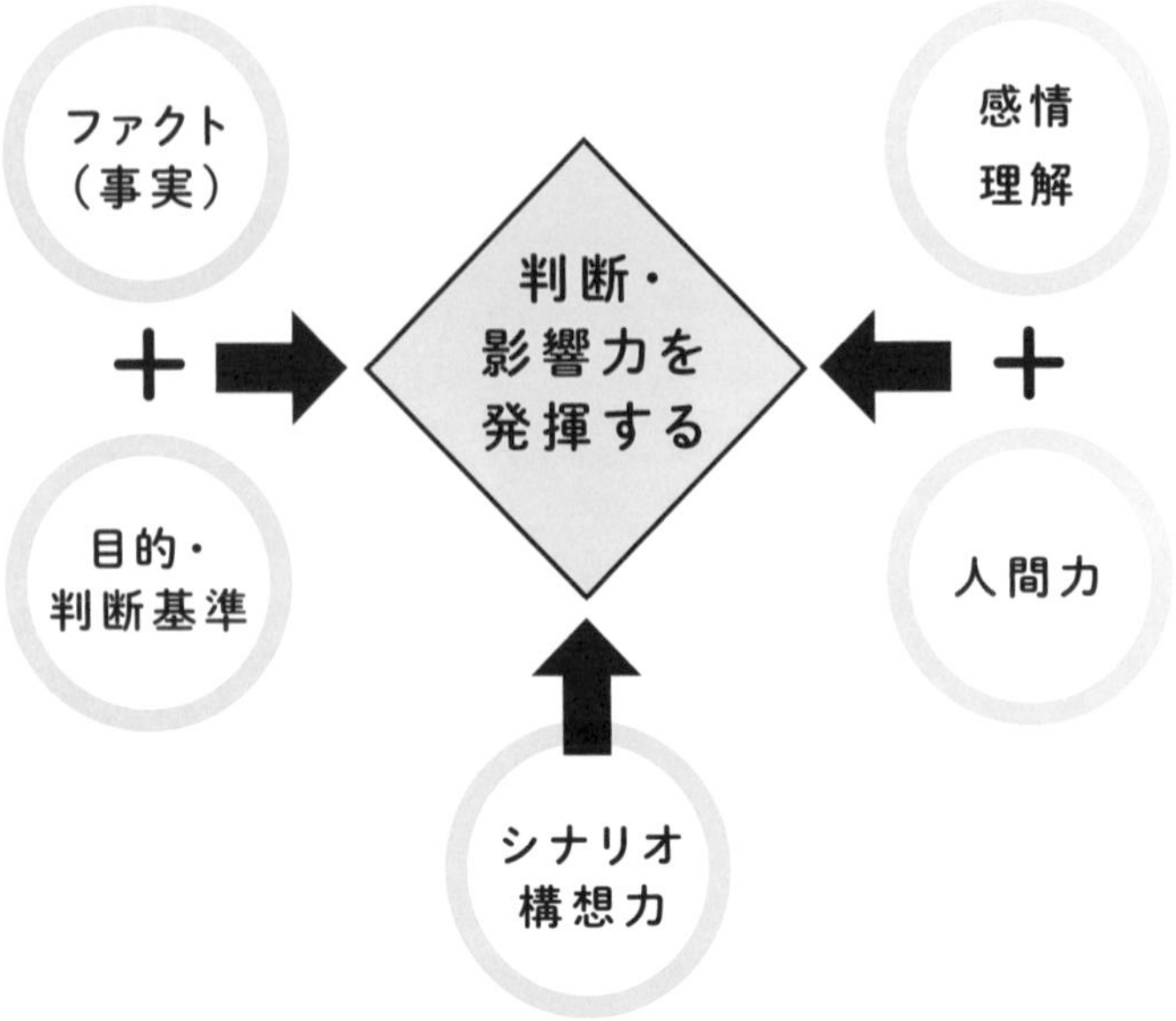

グループ・チーム、団体・社会へ影響力を発揮していく時、「ロジカルシンキング」が機動力の基軸になります。「ロジカルシンキング」の基軸の上に、「感情・人間力」が合わさって影響力の効力が発揮されます。すなわち、「ロジカルシンキング」と「感情・人間力」は相乗効果として積極的に組み合わせて活用するもので、決して、排他的・二項対立的な関係ではありません。本来、両輪として相互作用するものです。

ところが、この2つを排他的・二項対立的に捉えて、「あの人は、感情の人なので、論理的な話が通じない」「ロジカルすぎて、ドライで、ヒトの気持ちがわからないメンバーとはやりにくい」などと言い訳にしてしまいがちかもしれません。

これは、思考法としての「ロジカルシンキング」の詰めが不十分、中途半端で、「感情・人間力」との協働コラボにまで至っていないことが原因です。

あらためて、**「ロジカルシンキング」は思考法です。論理的に思考して段取りを整え、分析、解釈を進めて、判断やアクションへ至る一連の脳内作業です。**

この脳内作業では、相手を的確に理解して、判断・アクションを組み立てることが必須です。これができれば、相手が「感情のヒト」であっても「ロジカルすぎてヒトの気持ちがわからないメンバー」であってもうまく対処できます。

1-5

いつでも、どこでも「ロジカルシンキング」!

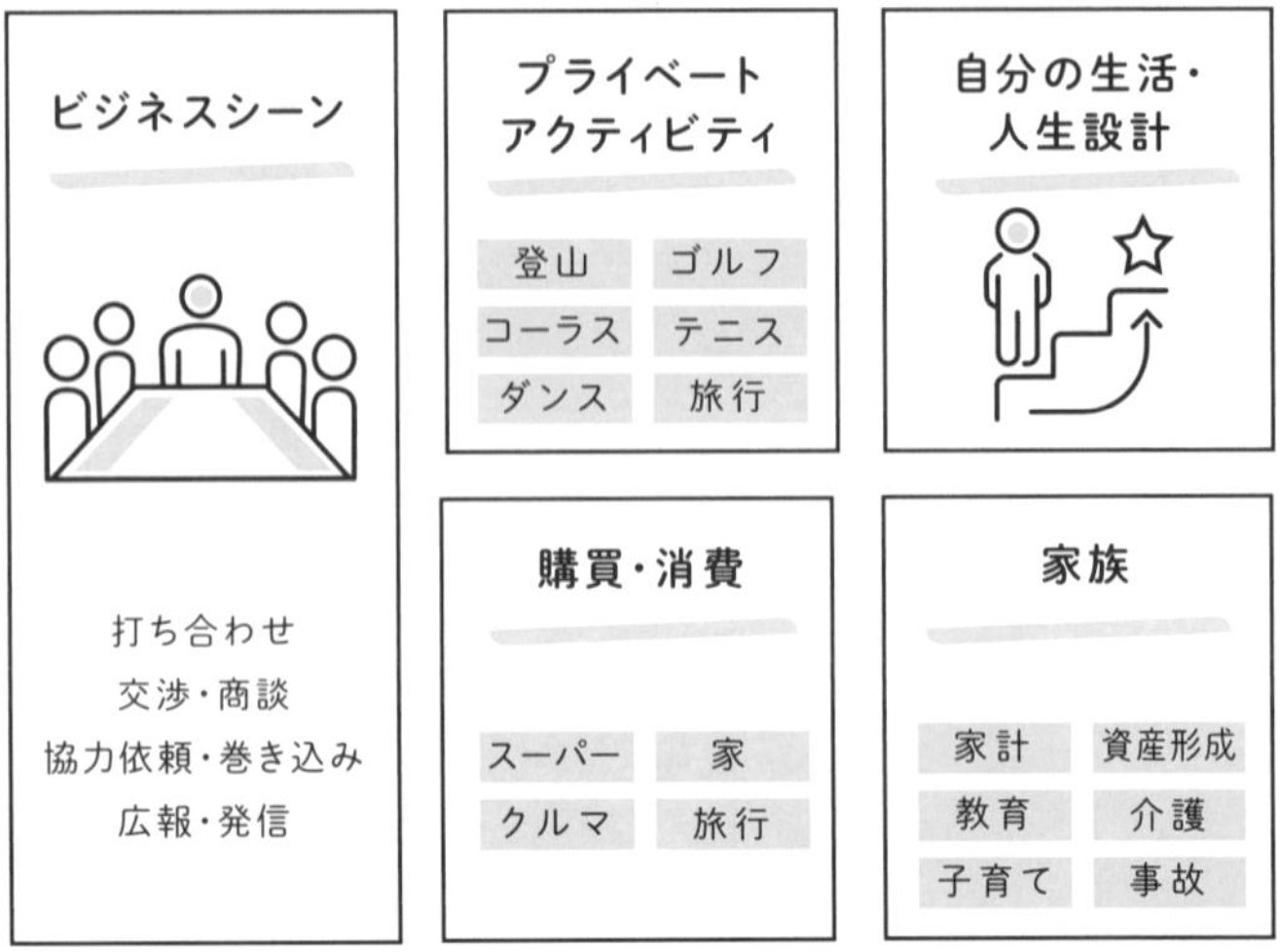

などなど……いつでも、どこでも!!

「ロジカルシンキング」はビジネスシーンにおけるスキルと捉えられがちですが、じつは、日常生活においてもとても有効です。

巧みに駆使できれば、家庭における会話においても効果を発揮します。ただし、特に、家族の場面にて「ロジカルシンキング」を駆使する際には、「感情・人間力」と「ロジカルシンキング」のコラボを極めて駆使することが必須です。

しばしば、家族や夫婦間の会話において、「そういうことを言ってほしいわけではないのに」「そういうことではなくて……」という、感情的に冷めてしまう、すれ違ってしまう、空気が重くなってしまう場面になることがあります。

これは、相手が会話に期待すること・目的を十分に理解できていないためにすれ違ってしまうことが原因です。すなわち、相手の期待・目的を十分に理解する「ロジカルシンキング」の詰めが甘く、その結果として、会話の内容、話す順番、話し方、言葉のみならずボディランゲージといった非言語表現のやりようの組み立て、すなわち、コミュニケーションの組み立てのほぼすべてがズレてしまった結果です。

「そういうことを言ってほしいわけではないのに」「そういうことではなくて……」と

相手が発してしまう状況に至ってしまったのはなぜか？　そもそも、相手は、この会話に何を期待し、何を目的としていたのか？　「ロジカルシンキング」してみましょう。

もしかすると、相手は「ただ話を聞いてもらって共感されたい、癒されたい」ということだったのかもしれません。あるいは、「今は、気持ちがいっぱいいっぱいなので、気持ちをラクにさせてほしい」ということだったのかもしれません。

このように、相手の期待・目的を十分に理解できると、あなたが話す内容や話す順番の組み立て、さらに、あなたが話す度合いと聞く度合いのバランス、ボディランゲージも含めたコミュニケーションスタイルの選択も変わってくるはずです。

この思考は、紛れもなく「ロジカルシンキング」です。家庭でうまく「ロジカルシンキング」を駆使できるようになれば、じつは上級者です。

それでは、次章より、ロジカルシンキングの基本を解説していきます。

第2章

まずは基本を理解して

まずは、ロジカルシンキングの基本となる大枠の構成を押さえましょう。基本となる大枠を理解したうえで、よくある罠（第３章）を避けて、ロジカルシンキングの細かな基本技（第４章）をお伝えし、ストーリー展開を思考して表現するためのピラミッドストラクチャー（第５章）へ進んでいきます。

ロジカルシンキングの基本となる大枠とは「目的と達成基準」「全体観・ユニバース」「システム思考・構造化」「ファクトベースから分析・解釈」「ストーリー展開」からなります。

2-1

目的を明確に定めることがスタートライン

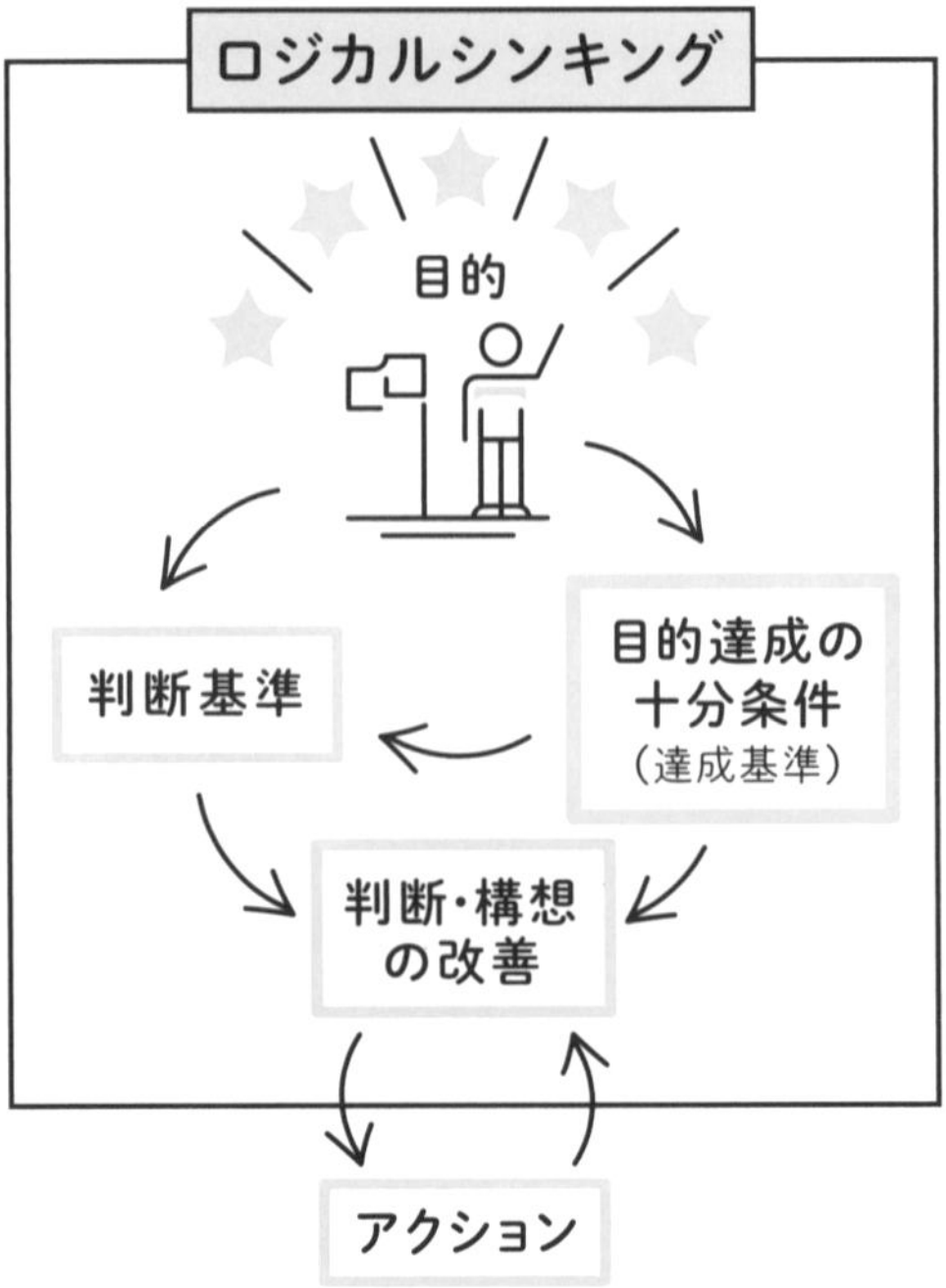

「目的」を明確に定めることが、ロジカルシンキングのスタートラインです。

何のために考えるのか？　何を達成したいために考えるのか、工夫するのか、知恵を絞るのか？

「目的」を明確に定めることによって、はじめて目指すコト・方向と達成基準＝ゴールが明確になります。

では、「目的」を明確に定めるとは、どういう内容・レベルに至れば十分となるのでしょうか？　ロジカルシンキングがうまくスタートできるだけの「目的の明確化」とはどんな内容・レベルでしょうか？

先に答えをお伝えしましょう。

「目的」は、簡潔で、曖昧表現なく具体的に、文末を動詞表現で言語化できると、ロジカルシンキングがうまくスタートできます。

次に挙げる文章で、目的が明確になっている文章はどれか、考えてみてください。

① 問い合わせ対応業務のデジタル化
② 問い合わせ対応業務の改善・手間削減
③ 問い合わせ対応の業務プロセスをデジタル化して、今年度中に5人日の手間削減と来年度のコストを1割削減する

目的が明確なのは③です。このように並記すると、③は目的が明確に言語化されていることがわかりますが、よく目にするのは、①あるいは②のような記述です。

なぜ、③のような言語化が、ロジカルシンキングをうまくスタートさせるものなのか、そして、①②では、なぜ不十分なのか。

その基準をお伝えします。

目的が明確にされているかは、次の点をチェックします。

a ロジカルシンキングを進めていく指針となる「判断基準」となり得ているか？
b 自分自身の思考脳へ刻み込まれて、自然と具体的な思考や疑問がどんどん湧き始めるか？

の2点です。

まず、a「ロジカルシンキングを進めていく指針となる「判断基準」となり得ているか？」についてです。

思考を進めていくと、必ずトレードオフ（＝あちらを立てれば、こちらが立たない状況）となる選択を迫られます。この時、「そもそも何のため？」という、そもそもの目的に照らして考えることが、判断基準になります。より具体的には、

i　デジタルツールX（RPA）を導入する
来年度より7人日の手間削減（6ヶ月の導入期間が必要となり、今年度中の手間削減にはならない）
再来年度より2割のコスト削減（IT投資を含めると来年度まではコスト削減にはならない）

ii　チャットツールとFAQを導入して業務プロセス改善を進める
今年度中より3人日の手間削減（2ヶ月の導入期間で新業務プロセスへ移行可能）
来年度より7%のコスト削減

という2つの案（選択肢）が出された時、さて、どちらを選択すべきでしょうか？

ここで、目的を表現した①②③に立ち戻って考えてみます。
①および②の目的の言語化表現では、デジタル化をしてどのような状態へ至りたいのか、改善・手間削減をどの程度まで実現したいのか、が不明確なので、ⅰ、ⅱのどちらの案を選択すべきか、まったく判断がつかないでしょう。
つまり、判断基準として機能しません。

一方、③の目的の言語化表現は、「今年度中に5人日の手間削減と来年度のコストを1割削減」と目的の達成可否を判断できる具体的な内容と数字が示されているので、十分に判断基準となります。

そして、この判断基準に照らすと、案ⅰ、案ⅱともに不採用です。

もう少し、検討の範囲、自由度を拡げて考えてみます。

例えば、営業プロセスの改善まで含めて考えていくと、3つ目の案が出されます。

iii　iiの業務プロセス改善に、営業・販促ターゲットの絞り込みを合わせる。これによって受注率を向上させて売上を落とすことなく、今年度中に5人日の手間削減と来年度より1割のコスト削減が達成される

この案iiiであれば、③の「今年度中に5人日の手間削減と来年度のコストを1割削減する」目的を満たしますので、採用となります。

補足として、どうしても、③の目的を達成する案が案出不可能な状況となった場合には、③の目的・達成基準の内容について、あらためて取捨選択をして修正・アップデートし、それを判断基準として選択肢を検討していきます。

振り返ってみると、③のように「判断基準」となり得るよう「目的」を明確に言語化表現できると、ロジカルシンキングがうまく進んでいきます。

次に、b「自分自身の思考脳へ刻み込まれて、自然と具体的な思考や疑問がどんどん湧き始めるか？」についてです。

文末が動詞表現となる簡潔な1文で言語化されると、自分自身の思考脳（思考機能）

へ自然と刻み込まれます。そうすると、自然と具体的な思考や疑問が湧き起こって、気になる疑問・質問リストが膨れ上がります。

これは、自分自身が気づいていない無意識下でも思考脳が働くようになった証です。

皆さんも「散歩中や入浴中などの、ふとした時に、グッド・アイディアが降りてきた」という体験があるでしょう。これは、皆さん自身の脳が無意識のうちに働いた思考の結果です。無意識下でも思考が働いて意識下の思考と協調できるようになると、ロジカルシンキングの幅と深みが増幅されます。

脳に自然と刻み込まれるような表現とは、簡潔、明快で、自分ごとのように気になる・引っ掛かるような表現です。

先述の目的表現①②③をあらためて眺めてみてください。

①②の目的表現では、たとえ自分が当事者であっても、自分ごとのように気になる・引っ掛かるような感覚があまり感じられないでしょう。

一方、③の目的表現からは、自分が担当者であれば、「さて、どうしようか」と自分ごととして気になる・引っ掛かるような感覚が湧いてくるでしょう。

このような感覚が湧いてくるようになると、無意識のうちにもあなたの脳が働くようになってロジカルシンキング・思考が進みます。

さらに、自分自身の脳に自然と刻み込まれる表現は、他者・チームメンバーなどへ共有した時に自然と、スッキリ、理解されるものとなっています。

このように、**「目的」を明確に定め、達成基準（＝ゴール）も明確にして、ロジカルシンキングを進める道筋にて常に「そもそも何のため？」「何が達成されれば成功？」という判断基準を持ち続けることが、ロジカルシンキングをうまく進めていくスタートラインです。**

その結果として、実のあるロジカルシンキングが、生産性高く積み上がっていきます。

あらためて、「目的を明確にする」ことが、ロジカルシンキングをスタートするために最重要です。

この重要性を理解せずに、ロジカルシンキングの小技を身に付けても、実際にロジカルシンキングをうまく活用するには至り得ないことに注意してください。

2-2

全体観：MECEよりもまず「ユニバース」が大事！

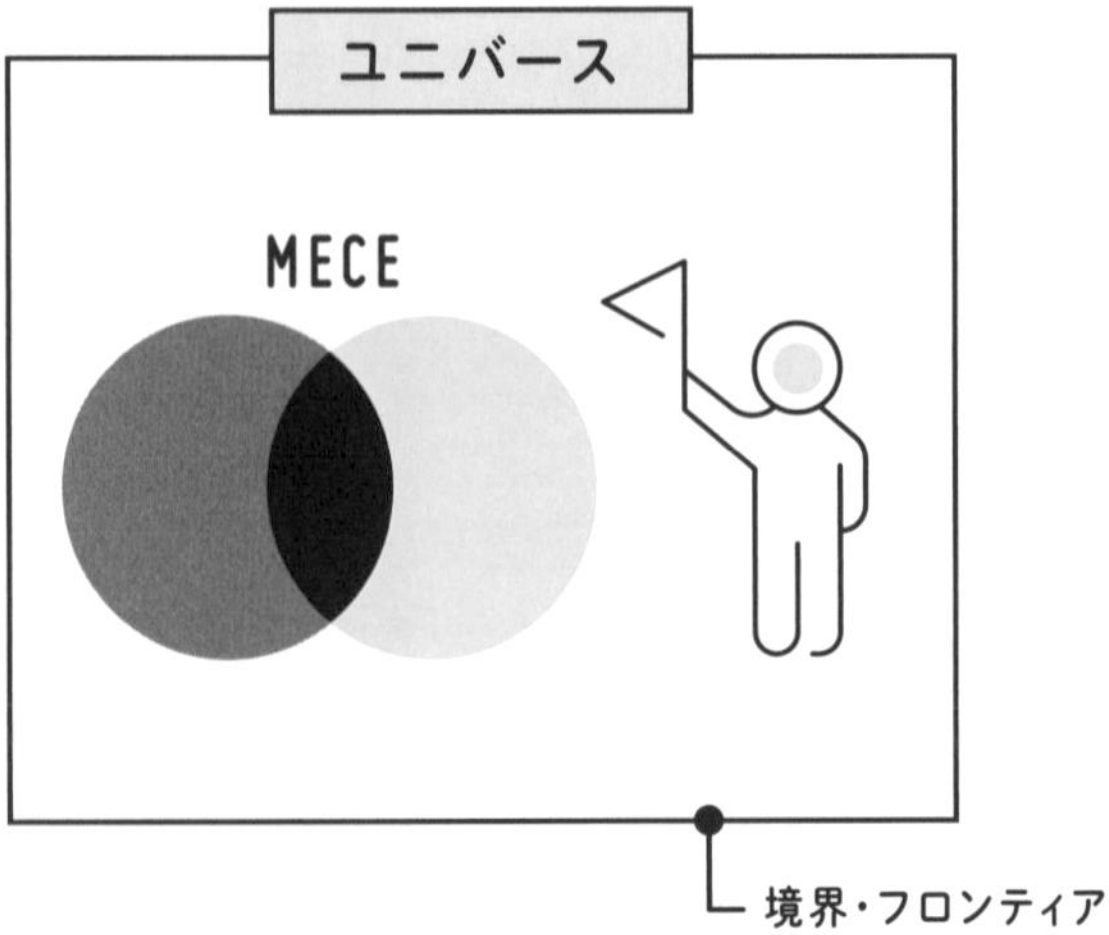

定義されたユニバースについて、
「漏れ」がないことが特に重要

「目的」を明確に定めたら、次に、「全体観・ユニバース」を正しく捉えて定義します。
「全体観」とは、文字通り全体を俯瞰して観察・理解することです。
「ユニバース」も同じです。英語のthe universeは宇宙・全人類、さらに、統計学では母集団を意味します。

全体を俯瞰して観察・理解する時、最も大事なことは「境界」を理解すること、つまり、どこまでが「IN」でどこからが「OUT」なのか、その境目を見極めることです。

これは、ロジカルシンキングを始めるための「場・エリア・領域・グランド」を明確にする準備・前提条件です。

ロジカルシンキングの指南書で必ず話題となるMECEを例に解説していきましょう。
「ロジカルシンキングといえばMECEから」とよく解説されていますが、このMECEを十分に理解するためには「全体観」「ユニバース」の理解、設定・前提条件が必須なのです。

ＭＥＣＥとは相互に重複なく（Mutually Exclusive）、集合全体として漏れがない（Collectively Exhaustive）です。

ロジカルシンキングで最も大事なことは漏れがないことです。多少の重複は後からいくらでも修正・調整できますが、漏れたままロジカルシンキングを進めていくのは致命傷です。

すなわち、ＭＥＣＥの議論でも、「全体」「ユニバース」に対して「漏れがない」ことを確認することが必須です。

この確認のためには、「全体」「ユニバース」を定義・理解しなければなりません。それができていなければ、「漏れがない」というＭＥＣＥで最も大事な議論ができません。

この「全体」「ユニバース」を定義・理解する、ということは、実際のＭＥＣＥの解説の中で明確に語られることはなくても、説明図にはしっかり表現されています。

ＭＥＣＥの典型的な説明図では、２つの重なる円が描かれたベン図と、そのベン図を取り囲む大きな長方形が描かれます。

この外縁の大きな長方形が境界線で、この境界線の内側が「ＩＮ」、外側が「ＯＵＴ」と無意識のうちに認識されています。

じつは、この無意識に理解しているつもりになっている「全体」「ユニバース」がＭＥＣＥを議論するためのとても大事な設定・前提条件なのです。

したがって、皆さんがこれからロジカルシンキングを始めていく時の大事な準備として、この「全体」「ユニバース」の「境界」をしっかり設定・定義する、あるいは、観察・理解する、ことを習慣づけてください。

さまざまな関係者全員の理解・納得・合意を取り付けるケースにおける「全体」「ユニバース」を例に説明を続けます。

このようなとき、「全体」「ユニバース」の設定・定義として、関係者全員の視点を包含するべきです。当たり前のことですが、実際には忘れられがちです。

そして、本来の「全体」「ユニバース」には達していない不足・漏れのある「偽の全体観・ユニバース」を前提条件としてロジカルシンキングを進めていくと、詰めが甘い議論となってしまいます。

それでは、関係者全員の理解・納得・合意には至らないでしょう。

それぞれの置かれた立場によって、モノゴトの見え方・解釈・判断基準は異なります。したがって、必ず、相手、とりわけ反対側の立場の視点を「全体」「ユニバース」の「ＩＮ」として「境界」を設定して前提条件としてください。


ロジカルシンキングを進めている最中でも「全体」「ユニバース」の定義・設定に立ち返ることがあります。具体的には、問題解決に取り組む中で、解決の糸口が見えず、行き詰まった時です。

どうも定義・設定している「全体」「ユニバース」の範囲内では解が見つからない、となった時に、あえて「全体」「ユニバース」を拡げます。

すなわち、「境界線」を外側へズラして前提条件を更新します。

このように「全体」「ユニバース」を拡げて再定義・設定することを「ソリューションスペースを拡げる」といいます。

ソリューションスペースを拡げると、それまでの「全体」「ユニバース」では行き詰まっていたボトルネックが、違う角度から解けて解決に至ることが多々あります。

とある画像処理ソフトを店頭で値引き交渉している場面を想像してみてください。買い手は2割の値引きを求め、売り手は1割の値引きが限界だと言っている状況です。このままでは商談不成立です。

ここで、売り手が、その商品とセットで使われる付属品も1割引で提供するセット販売を提案しました。

この付属品は通常では値引き販売されないので、この付属品を別途購入するつもりであった買い手はメリットを感じて、商談に前向きになりました。

でも、まだ、総額として予算を超えてしまうので決定打にはなりません。

そこで、売り手は、手間のかかる付属品の設定作業を空き時間に済ませて、画像処理ソフトと付属品がつながって、すぐに使える状態のセットとして販売する提案を追加しました。売り手にとっては暇な時間にやればできる慣れた作業なのでまったく気にならない作業です。

2番目の提案をとても嬉しく感じた買い手は、画像処理ソフトと接続設定作業済みの付属品を合わせたセットを1割引で購入することを決めました。

めでたく商談成立です。

振り返ってみましょう。

「全体」「ユニバース」を「本体商品の価格交渉」と定義・設定して値引き交渉が始まりました。その「全体」「ユニバース」の中では解には至り難く、商談不成立です。

そこで、売り手は、「買い手が嬉しく感じることは何か？」「この商品を買う目的は何なのか？」と買い手の立場・視点から、この商談を俯瞰してみました。

買い手はこの商品を買うことが目的なわけではなく、この商品を使ってうまく画像処理をすることが目的なわけです。

売り手は、その目的をよりお得に・ラクに達成できるような提案を考え、「全体」「ユニバース」「ソリューションスペース」を「本体＋付属品の価格交渉」にまで拡げました。歩み寄れそうな兆しはありましたが、まだ、合意には至らず商談不成立です。

そこで、さらに「全体」「ユニバース」「ソリューションスペース」を「本体＋付属品の価格交渉＋付属品の設定サポート」にまで拡げました。

その結果、めでたく商談成立です。

このように「全体」「ユニバース」の定義・設定は、ロジカルシンキングを進める際の重要な準備です。

また、「全体」「ユニバース」「ソリューションスペース」を拡げて再定義・設定することは難題解決の一つの切り口でもあるのです。

繰り返しになりますが、ロジカルシンキングを進めていくためには「漏れがない」ことが最重要です。

「全体」「ユニバース」に「漏れがある」定義・設定のままロジカルシンキングを進めてしまうと、矮小化された世界観に基づく偏った議論に陥ってしまいます。

2-3

システム思考・構造化

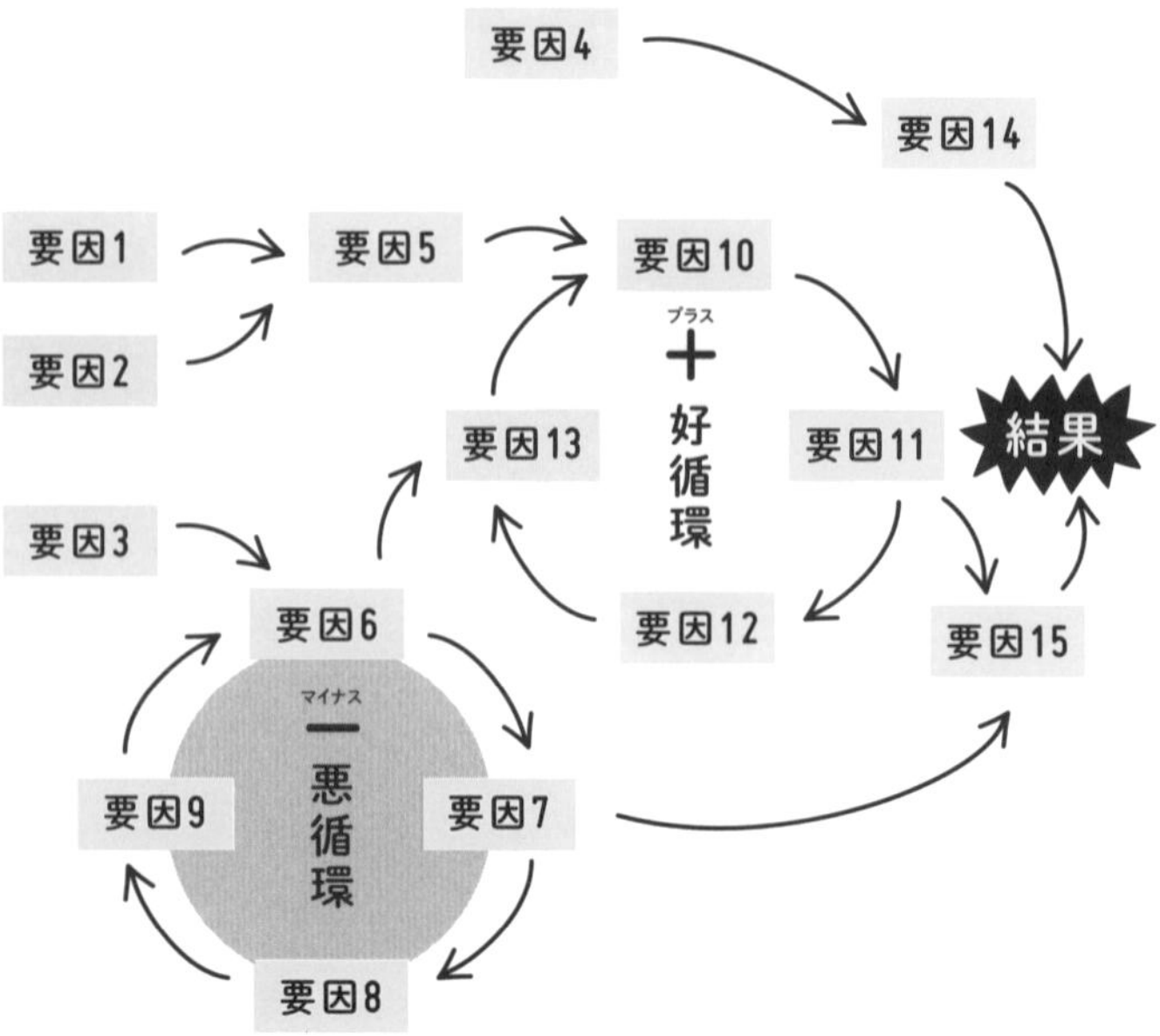

問題・課題は単純には解き得ないものばかりです。

解かれないまま放置され続けていて、「課題だ！」と叫ばれ続けるのみで一向に解かれていない、といった課題はとりわけ複数の要因が複雑に絡み合っています。

このような単純には解き得ない問題・課題を解くためには「システム思考・構造化」が有効であり必須です。

「システム思考・構造化」をうまく進めて、複数の要因が複雑に絡み合っている知恵の輪のような問題をスッキリ解きほぐし、具体的に解き得る手順で、現実的な解法を突き止めます。

「システム思考・構造化」は、

- レベル観
- 因果関係
- 時系列関係
- 好循環・悪循環サイクル

これら4つの理解からなります。

まず、「レベル観」です。一言で表現すると、「ミクロ・ディテール」から「マクロ・包括的」へ至るレベル・段階・主従関係の位置、あるいは、「具体的・詳細」から「抽象的・概要」へ至るレベル・段階・主従関係の位置、です。

左図を見てイメージを具体化しましょう。

左の「ミクロ・ディテール」から「マクロ・包括的」へ至るレベル・段階・主従関係は、「1店舗の食品棚」から「小売り産業」へ至るレベル・段階・主従関係の一例です。右の「具体的・詳細」から「抽象的・概要」へ至るレベル・段階・主従関係は、「ZXスマートシティへ展開」から「地球環境に優しい」へ至るレベル・段階・主従関係の一例です。

このレベル観を明確に意識することがとても大事です。要因分解・要素分解をしてグループ化して捉え、比較議論することが、構造化分析・理解の基本だからです。

グループ化とは、一見別々のコトを一段抽象的なレベルの切り口で共通点を見極めて括っていく作業です。そして、比較議論する際には、「Apple to Apple」と言われるように、同じレベルのもの同士で比較議論しなければ、そもそも比較の意味をなしま

構造化

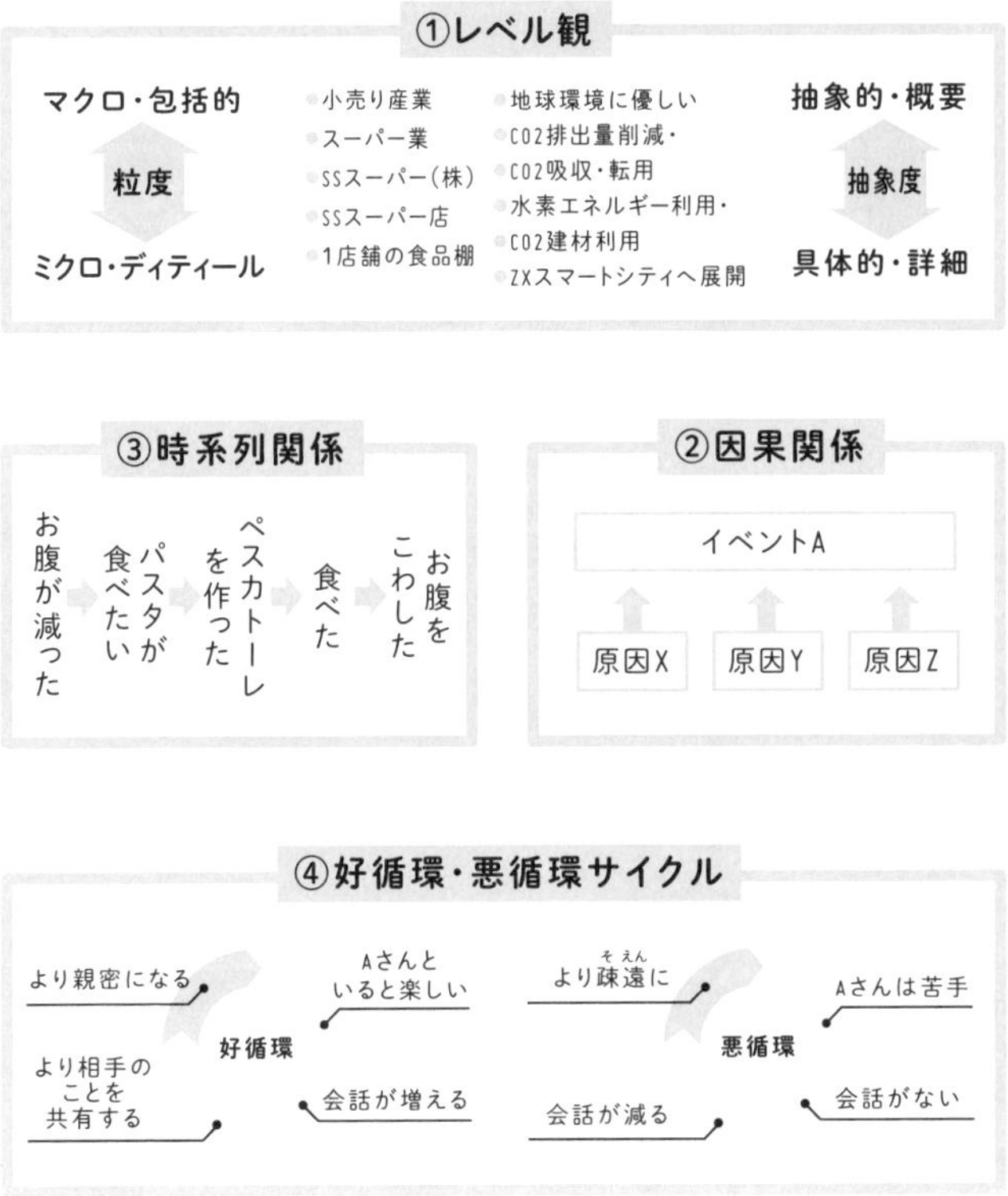

一枚のシステムダイナミクス図へマッピングする!!

せん。

例えば、関西地方の人口と千葉県の人口を比較したとしましょう。これは地方レベルと県レベルですから、比較の意味合いが得られない、レベル観が違う数字の羅列にしか過ぎなくなってしまうわけです。

次に、「因果関係」です。原因と結果の関係です。

原因と結果の関係を見出すのは、問題解決の切り口として「原因」に焦点を当てて、問題の「原因」を取り除く、あるいは、とある結果を期待してその「原因」を打ち手として行う、というためです。

この時「因果関係」とは、原因の条件が揃うと、その結果が必ず再現される、あるいは、その原因が取り除かれると、その結果が必ず起こらなくなる、という再現性が保証されることが核心です。

3つ目は、「時系列関係」です。複数の要因が複雑に絡み合っている問題・課題の要因を解きほぐしていく時に、複数の要因の間の「因果関係」の解明と同時に「時系列関係」を解明します。

どういう順番で問題・課題の事象が積み上がっていくのか、です。「時系列関係」の中には「因果関係」になっていることも、もちろんありますが、直接の「因果関係」にはなっていないものも多々あります。

例えば、複数の外部要因がそれぞれに、とある順番に起こると、その複数の要因が絡み合って、とあることを引き起こす引き金になるということなどです。

具体的には、商店街の1軒が不審火で火事になったところへ大風が吹いて、そこに火事場の泥棒が多数入って、商店街全体が焼け、商店主は金融資産や金目の貴重品を失って商店街の再生が困難になってしまった、といった例です。

最後に、「好循環・悪循環サイクル」です。複数の要因が複雑に絡み合っている問題・課題について、レベル観を見極めながら、因果関係、時系列関係を解きほぐして、この問題・課題が起こっている「悪循環サイクル」を可能な限りシンプル化して解明します。

可能な限りシンプル化された「悪循環サイクル」が解明できれば、この悪循環を反転させる「好循環サイクル」の姿と、「好循環サイクル」へスイッチする突破口・トリガー（問題解決のヘソ）が解明されます。**この「悪循環サイクル」「好循環サイクル」を究明して可能な限りシンプル化していくことがシステム思考の真骨頂です。**

システム思考は、複数の要因が複雑に絡み合っている構造・メカニズムを解明してシンプルに理解・表現するものです。この構造・メカニズムを描いた図はシステムダイナミクス図、システムダイナミクスモデルなどと呼ばれます。

ただし、一般的によく目にするシステムダイナミクス図は、ややこしく、見づらく、曼荼羅図のように絡まった線で描かれていることが多く、「可能な限りシンプル化」されたものとは格段の違いがあります。

ロジカルシンキングの目的は、問題解決すること、そして、他者との共有理解を確実にすること、です。したがって、ロジカルシンキングの目的に照らすと、ややこしく、見づらく、理解しにくいシステムダイナミクス図、システムダイナミクスモデルは、まったく意味がありません。

具体的なシステム思考の例として、「日本の職場では女性が上級管理職にあまり登用されない」問題を取り上げて考えてみましょう。

この問題が解かれないままになっている悪循環サイクルを解明して、突破口・トリガー（問題解決のヘソ）を見出し、好循環サイクルを組み立てます。

そのためのシステム思考は6つのステップで進めます。

■ステップ1：考えられる要因をリストアップする

■ステップ2：リストアップされた要因をレベル観が揃うよう、そして、意味のある具体性が表現されるよう、グループ化、分解する

■ステップ3：要因間の因果関係を解明する

■ステップ4：要因間の時系列関係を解明する

■ステップ5：解明された因果関係、時系列関係に基づいて、さらに、グループ化・分解を進めて可能な限りシンプル化された悪循環サイクル図を描く

■ステップ6：描かれた悪循環サイクル図を観察して、目指す好循環サイクル図をできる限りシンプルに描く。そして、悪循環サイクルから好循環サイクルへスイッチするきっかけとなる突破口・トリガーを解明して、好循環サイクル図

■ システム思考・構造化 ― 悪循環

なぜ、大企業において「女性の登用拡大」が20年以上もテーマに掲げられながら、実体としてあまり進まないのか?

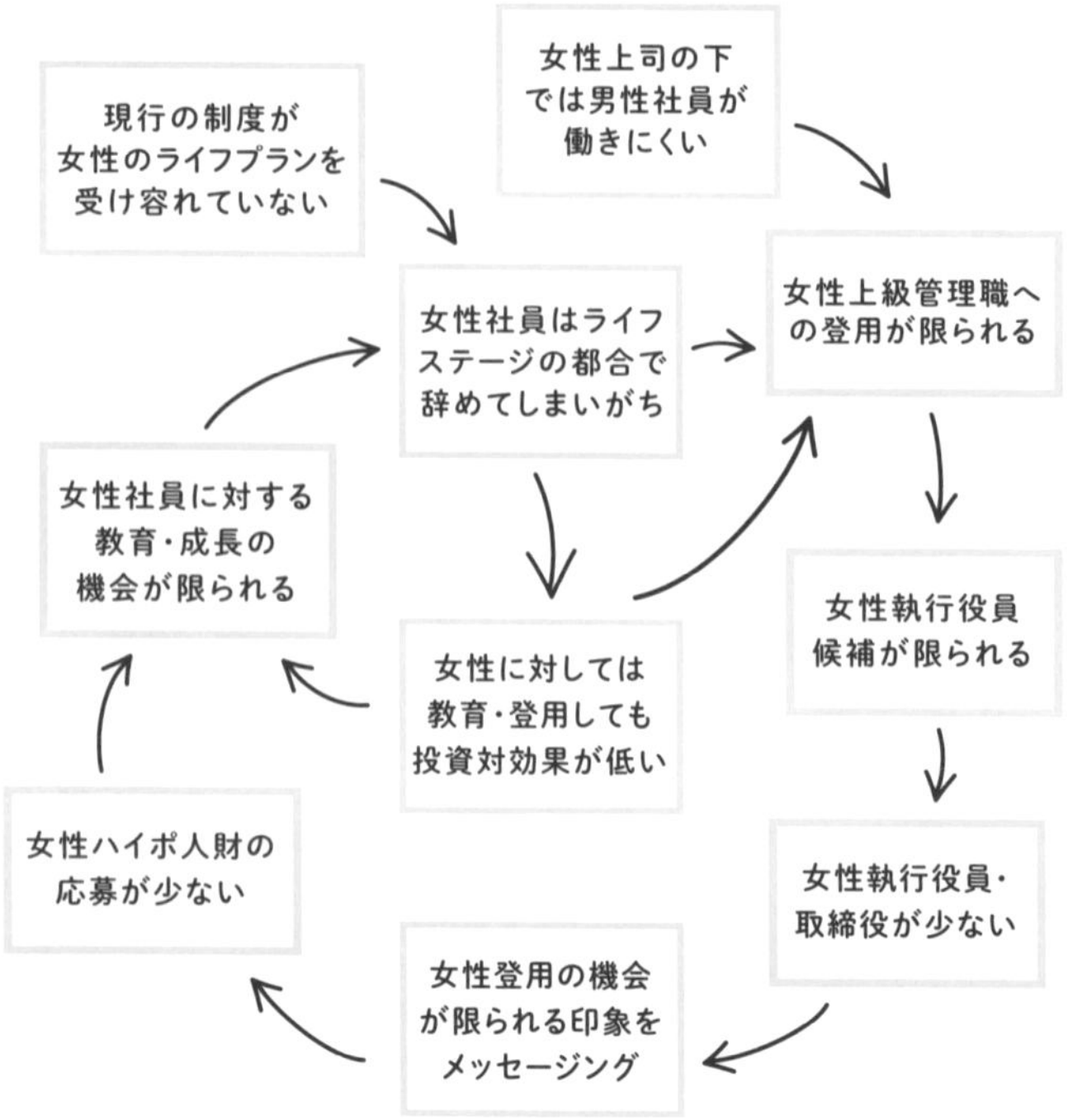

へ追記する

このシステム思考を進めた結果、右図の悪循環サイクル図、次ページの好循環サイクル図が描かれました。

この悪循環サイクル図は、複数の要因が複雑に絡み合っている「日本の職場では女性が上級管理職にあまり登用されない」問題の構造を極めてシンプルにシステム化・構造化した一例です。とてもわかりやすい図になっていると思います。

よく目にする複雑怪奇な図とはまったくの別物です。

そして、この悪循環サイクル図をじっくりと観察して好循環サイクル図、さらに、好循環サイクルへスイッチする突破口・トリガー（問題解決のヘソ）を解明しました（次ページ）。

この好循環サイクル図も、とてもシンプルでわかりやすい図になっています。

シンプル化されたシステム図は、実際にわかりやすく、問題解決の糸口が解明されて、問題解決のアクションが具体的に構想されるものとなります。

システム思考・構造化 ― 好循環

大企業において「女性の登用拡大」が20年以上もテーマに掲げられながら実体としてあまり進んでいない。どうすれば進めることができるのか?

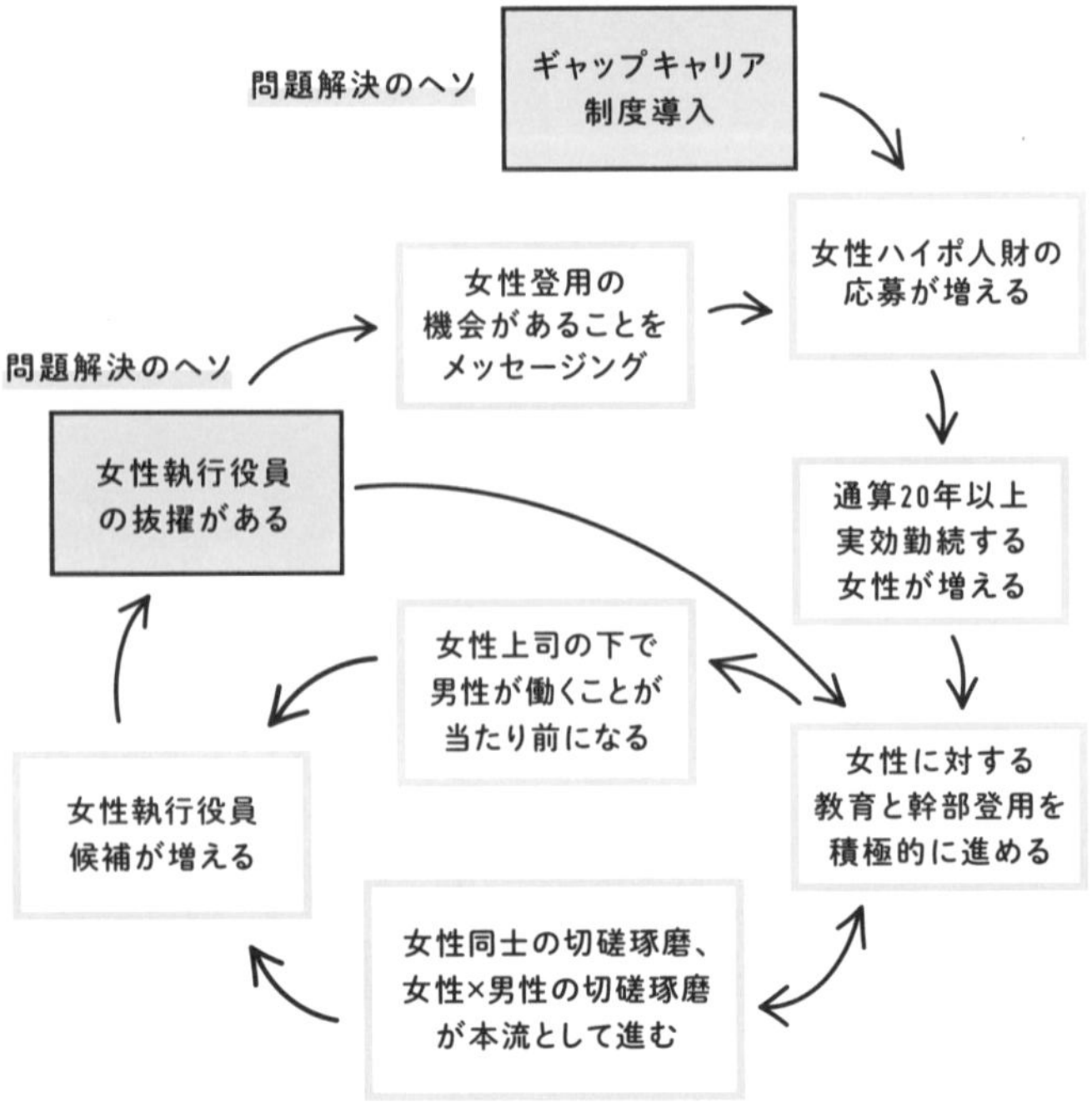
問題解決のヘソ
ギャップキャリア制度導入
女性ハイポ人財の応募が増える
通算20年以上実効勤続する女性が増える
女性に対する教育と幹部登用を積極的に進める
女性上司の下で男性が働くことが当たり前になる
女性同士の切磋琢磨、女性×男性の切磋琢磨が本流として進む
女性執行役員候補が増える
女性執行役員の抜擢がある
問題解決のヘソ
女性登用の機会があることをメッセージング

2-4

ファクトベースから分析・解釈へ

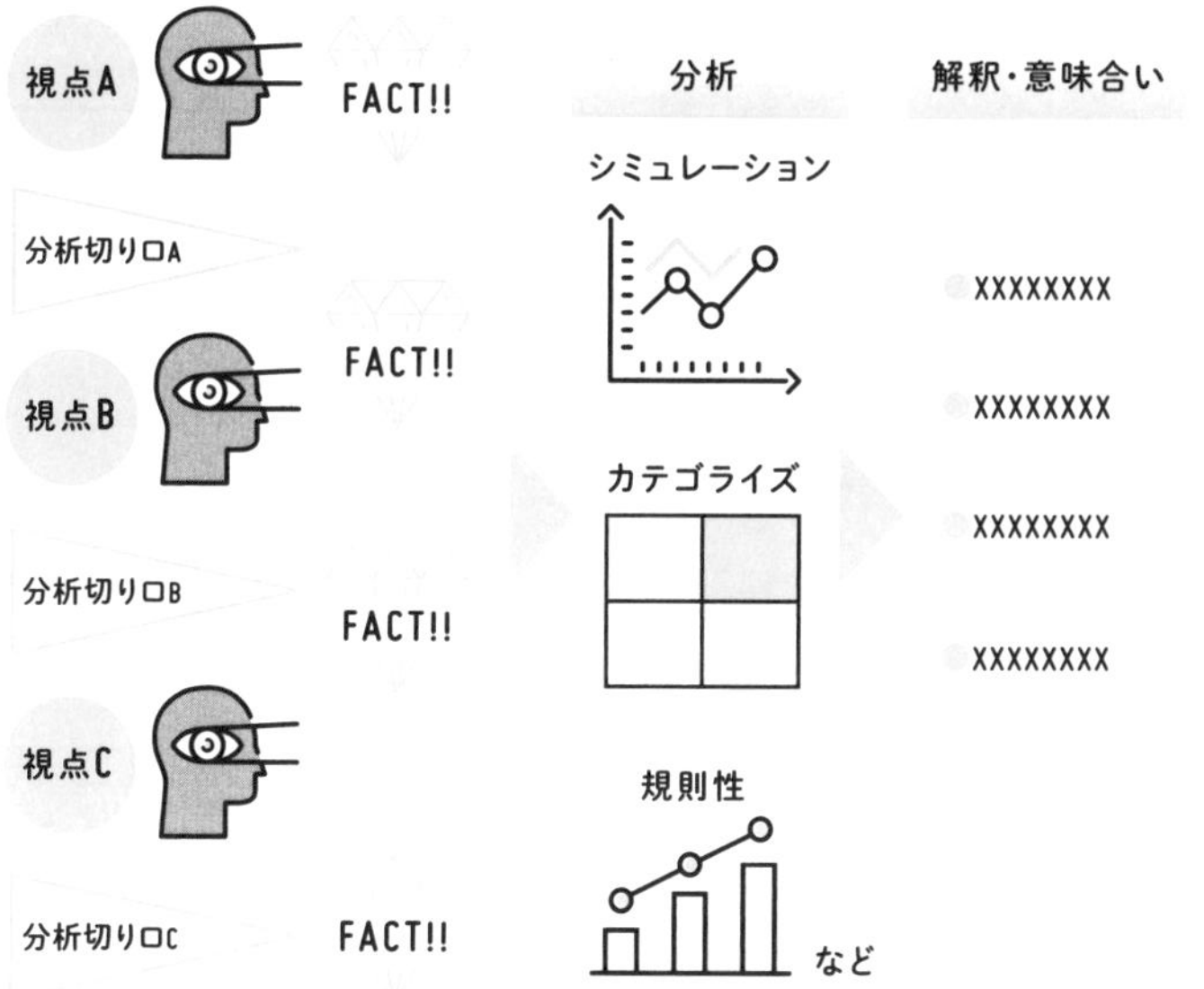

「ファクト」とは、現場の最前線における現地現物の事実です。

ロジカルシンキングを進めて信頼できる結論・解釈に至るためには、「ファクト」に基づいてロジックを組み立てていくことが、何よりも大事です。

「ファクト」に基づかない、間違った情報やデータでいくら正しくロジックを組み立てても、得られた結論・解釈は信頼できません。

「ファクト」に基づいてロジカルシンキングを進めることが「ファクトベース」です。

具体的な「ファクト」は次の5つです。

①　知りたい事象について、実際に起こっている最小単位の現場（販売であれば実際に売っている売り場、生産であれば実際に製造している工場・工程）における事実

②　モノやサービス・コトであれば、その現物およびサービス・コトを直接観察・計測・体験して得られた事実

③　数字であれば、解釈・集計処理される前の生データ（ローデータ）

④　知りたいことを実際に実行している・判断している当事者の偽りのないコメント

⑤　「みなしファクト＝Quasi Fact」と判断して採用する「事実上のファクト」

ファクトベース

当事者に
直接聞く

現地を観る・
計測する

現物を観る・
使う・計測する

生データ
（ローデータ）

最前線の現地現物に基づく!!

＋

みなしファクト

したがって、この5つに該当しない伝聞情報、ネット検索で得られた出処の信頼性が担保されない情報、新聞・雑誌などで記述されたジャーナル情報などは「ファクト」とは認定されません。

①②③はイメージが湧きやすいでしょう。

④⑤について、もう少し補足・解説します。じつは、実際のロジカルシンキングでは、④⑤を事実として活用することが多々あります。

④は、当事者からのコメントに偽りがないかを見極めることが特に大事です。当事者に直接アクセスして得られたコメントは、そのまますべてファクトのように聞こえがちですが、実際には、勘違い、思い違い、記憶違い、さらには、歪んだ解釈などが含まれ得ます。

⑤は、本当の当事者に直接アクセスできない状況で、やむなく次善の策としてとる手です。「本来のファクト」は、本当の当事者から、偽りのない事実情報・コメントを直接得たものですが、それが叶わない場面が多々起こります。

そのような時は、本当の当事者にできるだけ近い関係者にコンタクトしてコメント・情報を得るしかありません。

ただし、そこで得られたコメントには、正しくない・歪められている・間違った解釈に基づいているなど、本当のファクトとはなり得ないコトが含まれ得ます。

したがって、「みなしファクト＝Quasi Fact」と判断していくために、一人の関係者だけではなく、複数の関係者から聞き取って、共通するコトを見極める、さらに、共通しない・食い違うコトについては、できる限り食い違っている根拠を解明する、という作業を進めて、「事実上のファクト」として取り扱えるコメント・内容かどうかを見極めます。

「事実上のファクト」と判断して活用する典型的なものがもう一つあります。

信頼できるソースによって処理された集計データです。

典型的な例は、企業内の売上データ、特定の国・地域の人口データ（統計）、さらに、特定の国・地域の経済・産業データ（統計）などです。

これらの数字を生データから集計処理して整えるためには莫大な手間がかかります。したがって、莫大な手間がかかる集計処理を、信頼できるソース（情報源）が行った結果については「事実上のファクト」と判断して活用します。

ここで条件とした「信頼できるソース（情報源）」とは、これまでの過去の実績として信頼できることが確度高く保証されていると判断できる情報源です。

すなわち、本来の「ファクト」に基づいて、偽ることのない集計・処理をしてきた実績を備え、さらに、活用しようとしているデータ（統計）の処理・集計についても過去の実績と同様に行っていると判断できるソース（情報源）です。

次に、集められた「ファクト」から、どのような「意味合い・解釈」が得られるか、についてです。ファクトベースでロジカルシンキングを進めていった分析の結果として得られる「意味合い・解釈」は、もちろん一様ではありません。

共通の「ファクト」に基づいていたとしても、分析の切り口、判断基準の優先度の選択に応じて、常に複数の意味合いや解釈があり得ます。モノゴトには常に表と裏の解釈があります。

「半分まで水が入っているコップ」を見て、「半分しか水が入っていない」と解釈する人もいれば、「半分も水が入っていて嬉しい」と解釈する人もいるわけです。

前者の解釈の根拠となった判断基準は、例えば、「コップに水が入った本来の姿は八分目以上水が満たされた状態」「お客様に水をお出しするなら失礼のない程度に満たされた状態でお出しすべき」と想定されます。一方、後者の解釈の根拠となった判断基準は、例えば、「私は喉がカラカラで、すぐにでも水が必要」な状況で、「喉を十分に潤せるだけの水の量が入っていれば、容器の大きさ全体のどこまで水が入っているかなどはまったく問題ではない」と想定されます。

すなわち、分析の切り口や判断基準が異なると解釈はまったくの別物になります。

また「ファクト」からの意味合い・解釈をうまく引き出していくためには、分析設計の工夫・手法の幅を拡げるレベルアップが求められます。「ファクト」から導出されるであろう解釈を仮説として仮置きして、この解釈仮説を明確に想定して、分析の組み立てを設計し、実際に「ファクト」をうまく効率的に収集して検証分析していきます。この「仮説思考」からの分析設計については、この後第4章第9節「仮説思考と分析設計」で詳しく解説します。

2-5

ストーリー展開

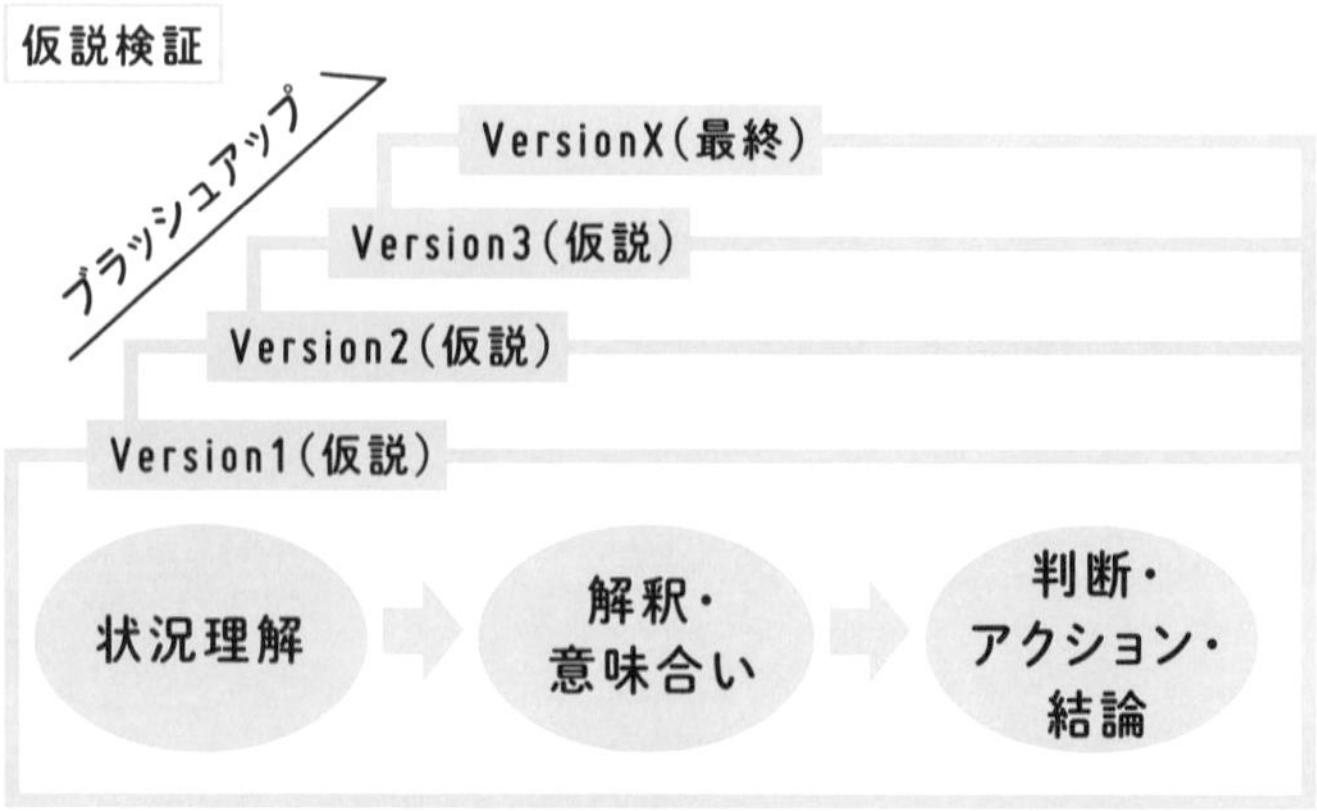

〈一貫性のあるストーリー〉

- ✓ 論理的につながっている
- ✓ キーワードが定まっている
- ✓ 脱線、無関係なコトが含まれない

「ファクト」分析から導出された意味合い・解釈をつないで得られた結論について、一貫性があるかどうかを確認し、その結論を他者へ説明して共感・合意を得るために、一貫したストーリー展開を組み立てる必要があります。

ストーリー展開は、共有理解・納得を得られるものとならなければ十分ではありません。そのためには、論理的に一貫性を持ってつながっていること、キーワードが定まっていること、そして、脱線となるような無関係なことが含まれていないこと、が必須です。

まず、論理的に一貫性を持ってつながっている推論の基本パターンとして、次の三段展開を覚えてください。

① 状況理解（現状認識・背景認識・問題意識）
② 現状・背景・問題に対する解釈・意味合い
③ 判断・アクション・結論（今後の思考・行動の追加・修正・改善）

例えば、次のような展開です。
家族に対して、自分の体調を説明している場面です。

①　状況理解（現状認識・背景認識・問題意識）
どうも頭がとても痛い、だるい、体調がすぐれない。このままでは、自分がやりたいこと、やるべきことが思い通りに進められない。なんとか、できるだけ早く体調を回復させたい。

②　現状・背景・問題に対する解釈・意味合い
昨晩、寒かったが薄着で出歩いてしまったので、ちょっとした風邪をひいたのかもしれない。あるいは、元々の頭痛持ちの症状が悪化してきてしまったのかもしれない。以前の検査で指摘された脳血栓のリスクが高まっていないか心配。仮に、脳血栓のリスクが高まっているのであれば、早めの対策を怠ると大変なことになりかねない。

③　判断・アクション・結論（今後の思考・行動の追加・修正・改善）

いつもなら近所のかかりつけ医に診てもらって済ますところだけれど、今回は、脳血栓の専門医に診てもらうことにしよう。できれば「脳血栓の初期診断、予防対策に長けた専門医」を見極めて、その先生に診てもらいたい。

①状況理解（現状認識・背景認識・問題意識）では、ストーリー展開への「アテンション・興味」を得ます。

すなわち「つかみ」です。

なぜ、あなたはこのテーマ・話題・議論を展開するのか、なぜ展開することを有意義と考えているのか、そして、これから展開する話が耳を傾けるべき有意義なコトであると共有します。

すなわち、あなたが目指す判断・アクション・結論を聞き手に納得してもらうための土台作りです。

この例では、「自分にとっては重大事である」ということを共有しています。

②現状・背景・問題に対する解釈・意味合いでは、主に、その原因、その問題を引

き起こしている核心・根源、あるいは、この状況から想定される未来の結果、波及効果に関する解釈や意味合いを共有します。

この例では、「原因の想定」と「（不都合な）未来の結果の想定」を解釈・意味合いとして共有しています。
③判断・アクション・結論（今後の思考・行動の追加・修正・改善）は、②の解釈に基づいて、今後具体的に何をするのか、判断・アクション・結論を共有します。
この例では、「脳血栓の専門医に診てもらうこと」を共有しました。このストーリー展開を聞いた家族は、「確かに脳血栓の専門医に診てもらうべき」と納得するでしょう。

とてもシンプルですが、判断・アクション・結論の納得を得られる一貫したストーリー展開となっています。

そして、「脳血栓の初期診断、予防対策に長けた専門医」を見つける、その専門医への紹介を得ることが、次の必要アクションとして述べられています。

この次の必要アクションを聞きつけた家族は、求める専門医の心当たりを探して、紹介を取り付けるよう協力するでしょう。

このように、一貫したストーリー展開とは、判断・アクション・結論について、できるだけシンプル・ストレートに、共感・納得が得られる展開です。

すなわち、判断・アクション・結論に対する共感・納得を得るために必要十分な最低限の厳選された材料・内容によるシンプルな展開です。

したがって、脱線するような材料はすべて排除すべきです。

説明資料作成の型として、しばしば引用される「起」「承」「転」「結」は、一貫した展開の観点に照らすと「転」が脱線となります。したがって、脱線する「転」が含まれる「起」「承」「転」「結」は一貫したストーリー展開とはなりません。一貫したストーリー展開とするならば、「起」「承」「結」の展開です。

そして、ストーリーを構成する、①状況理解（現状認識・背景認識・問題意識）、②現状・背景・問題に対する解釈・意味合いについて、信憑性が十分にあることが必須条件です。

すなわち、①状況理解（現状認識・背景認識・問題意識）は、紛れもないファクト・事実であること、そして、②現状・背景・問題に対する解釈・意味合いは、信頼するに足る分析に基づいていること、が求められます。

実は、一貫したシンプル・ストレートなストーリーを構成する、紡ぎ出すのは簡単ではありません。一貫したストーリー展開は、いきなりにはでき上がらないので、まず、仮案・仮説としてのストーリー展開を立てます。

そして、①状況理解（現状認識・背景認識・問題意識）はファクト・事実なのか、②現状・背景・問題に対する解釈・意味合いは信頼に足る分析に基づいているか、そして、③判断・アクション・結論は正しく的確か、さらに、その判断・アクション・結論を導き出すストーリーとして、厳選された材料がシンプル・ストレートに組み上がっているか、脱線・無関係なコトは排除されているか、を仮説検証し続けながら、一貫したストーリーへ、さらに、キーワードも更新して磨いていく仮説検証・更新のプロセスを経て作り上げていきます。

第3章

よくある罠に注意して

ロジカルシンキングは、信頼できる(と考えられる)「ファクト・事実」を材料として、信頼できる分析に基づく「解釈」を積み上げてストーリーを構成し、目的とする納得・合意が得られる判断・アクション・結論へ至る展開です。

この時、信頼できるとは考えられない材料や分析を拠り所としてしまったり、ストーリーの展開に一貫性を欠いてしまったりするような「罠」にハマらないように注意することが必要です。

注意すべき「罠」として「統計の誤謬 – 因果と相関」「サンプル誤謬 (Over Generalization)」「起承転結」「ことばつなぎ(論理の飛躍)」を解説します。

3-1

統計の誤謬 - 因果と相関

Causal relationship
(因果関係)

≠

Coincidence
(偶然の同時性)

現場・当事者調査

定性分析

相関分析

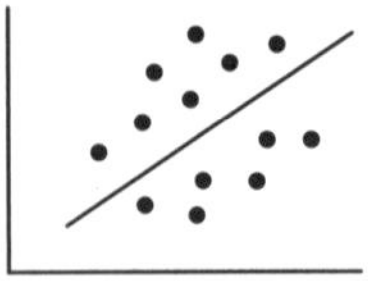

未来にも再現性あり

未来の再現性を
保証しない

この2つを混同すると、「同時性の罠」にハマる統計に基づく結果の扱いについては特に注意が必要です。

統計の結果は信頼できる（と考えられる）「ファクト・事実」と認識してロジカルシンキングの材料・拠り所としていいのか？　その結果に基づく解釈はロジカルに導き出されるものなのか？　常に検証・判断をします。

まず、因果関係と相関関係について学んでいきましょう。

統計分析における常套手段の一つである「相関分析」は、複数の事象の相関関係を示すものです。一方、因果関係については、統計分析の結果からは明らかにならない、説明できない、ということです。

左記の統計に基づく結果は、信頼できる（と考えられる）「ファクト・事実」でしょうか？　そして、その結果に基づく解釈はロジカルに導き出されるものでしょうか？

- 統計分析の結果A：「年収が高い」と「高級車を持っている」は、相関係数が0.8を超える高い相関関係がある
- 解釈A-1：したがって、「高級車を買えば年収がアップ」できる
- 解釈A-2：したがって、「年収が高くなれば高級車を買う」ことになる

では、考えていきましょう。

まず、統計分析の結果として『『年収が高い』と『高級車を持っている』は、相関係数が0・8を超える高い相関関係がある」は、信頼できる「ファクト・事実」です。すなわち、「高い相関関係がある」と認められます。

次に、解釈A－1「高級車を買えば年収がアップ」は、統計分析の結果「高い相関関係がある」という信頼できる「ファクト・事実」からロジカルに導き出されるものでしょうか？　そうではありませんね。

さらに、解釈A－2「年収が高くなれば高級車を買う」については、どうでしょう？　これもロジカルに導き出されるものではありません。

ロジカルに導き出されるものかどうか、について振り返ってみましょう。

ロジカルに導き出す拠り所は、統計分析の結果である「『年収が高い』と『高級車を持っている』は、相関係数が0・8を超える高い相関関係がある」という「ファクト・事実」のみです。

それ以外のコトを暗黙に含めて考えてはなりません。

それをしてしまうと「論理の飛躍」に陥ります。

特に、「ファクト・事実」以外の勝手な「直感情報」を含めないように注意します。解釈A－1は違うが、解釈A－2は本当っぽい、と直感的に思ってしまったヒトもいるでしょう。しかし、この直感情報は、本題の拠り所とすべき「事実・ファクト」以外の情報です。

あらためて、「高い相関関係がある」というのは、どういうコトでしょうか？

具体的なイメージとしては、1万人の給与所得者について、年収と所有車の情報を調査して相関分析をした結果、年収が高い人ほど高級車を所有しているということが同時に認められた、すなわち、相関分析の結果は「同時性」の検証結果です。

一方、解釈A－1「高級車を買えば年収がアップ」で言い表されているのは、「高級車を買う」ことを起因として「年収がアップ」という帰結に至るという「因果関係」です。

解釈A－1がロジカルに導き出されない、と結論づけた根拠は、相関関係分析から認められた「同時性」と解釈A－1が主張する「因果関係」は、論理的につながらない、別のことであるからです。

同様に、解釈A－2「年収が高くなれば高級車を買う」については、「年収が高くなる」ことを起因として「高級車を買う」という帰結に至るという「因果関係」です。相関分析の結果は「同時性」しか検証されないので「因果関係」を論理的に導き出すことはできないのです。

「相関分析は偶然かもしれない『同時性』のみしか検証できない（＝同時性分析）」「『同時性』と『因果関係』は論理的にまったく別物である」ことをしっかり意識していください。

とても初歩的なことですが、相関関係分析の結果から「因果関係」を導き出してしまう論理的な飛躍・間違いが少なくありません。

参考までに、英語では、Coincidence（偶然の同時性）とCausal relationship（因果関係）と表現され、学校教育で明確に区別されて教えられます。それでは、相関分析の結果から導き出される論理的な解釈とはどのようなものでしょうか？

相関分析の結果から得られた「同時性」から、「もしかしたら項目Aと項目Bの間には『因果関係』があるのかもしれない、さらに次の分析検証をするに値する」、という解釈がロジカルに導き出されます。

そして、その2つの項目について、「因果関係」を見極める次のレベルの分析へ進んでいきます。この次のレベルの分析の典型的な一例が、当事者に対するインタビュー・聞き取り調査です。

余談ですが、今後の行動に活かすためには、「偶然の同時性」ではなく「因果関係」を探究することが求められます。未来においても再現される「事象」が明らかとなれば、そのための準備・対策が打てるからです。

あらためて、未来の再現性を保証するためには、過去の偶然かもしれない「同時性」ではなく、「因果関係」を見極めることが必須です。

そして、多くの帰結は、複数の起因がセットとなってはじめて再現されます。

よって、未来の再現性を保証するためには、再現されるに足るだけの起因のすべてを網羅することが十分条件となります。

3-2

サンプル誤謬
(Over Generalization)

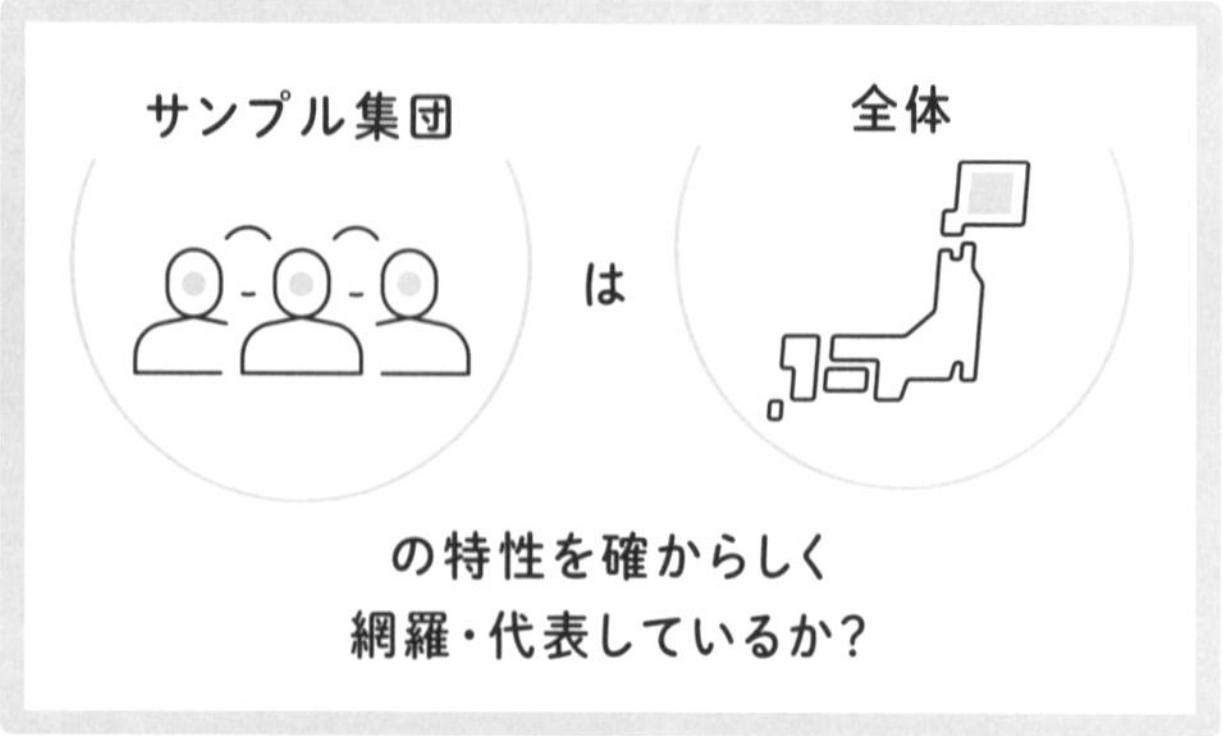

網羅的に代表していない一部の
サンプルを取り上げて、
あたかも全体の特性として
解釈(サンプル誤謬)していないか?

次は、サンプル誤謬(Over Generalization)について、具体的に考えていきましょう。サンプル誤謬も、典型的な統計の誤謬の一つです。左記のサンプルに基づく分析結果は、信頼できる(と考えられる)「ファクト・事実」でしょうか? そして、その結果に基づく解釈はロジカルに導き出されるものでしょうか?

■サンプル分析の結果B:新橋駅前SL広場における街頭インタビューで3名の方が食パンの2割値上げは生活上とても困ると回答した

■解釈B:したがって、「食パンの2割値上げはとても困るというのが世論である」

■サンプル分析の結果C:3つの高校生向け新商品A、B、Cについて東京の高校生1万人に対して「すぐにでも買いたい」と思うかどうかを調査した結果、83%の高校生が商品Cを「すぐにでも買いたい」、商品A、Bについては、いずれも18%以下にとどまった

■解釈C:したがって、関東地域では高校生向け新商品Cについてキャンペーン販促を展開すると大きな売上が期待できる

まず、サンプル分析の結果Bについて、「新橋駅前SL広場における街頭インタビューで3名の方が食パンの2割値上げはとても困ると回答」は、「ファクト・事実」ではあるものの、サンプル数がわずかに3名なので統計分析として信頼できません。統計分析として信頼はできないこのファクト・事実から、解釈B「食パンの2割値上げはとても困るというのが世論である」は、ロジカルに導き出されるものでしょうか？

そうではありませんね。該当インタビューに応じたわずか3名の意見を日本全体で5000万余りある世帯の大半が同意する世論とは到底解釈できません。

このわずか3名のサンプルは、世論を形成する母集団の特性を十分に反映するだけの代表サンプルに至っていないからです。

このように、ごく一部のサンプルに過ぎないものからの結果を、あたかも大きな母集団の特性を代表するかのように一般化して取り扱ってしまうことをOver Generalization（行き過ぎた一般化）と呼びます。

ロジカルシンキングにおいて、このようなOver Generalization（行き過ぎた一般化）に陥らないよう、「サンプル集団が十分に母集団の特性を代表しているか？」について、常に意識して確認・検証します。

次に、サンプル分析の結果Cについて、「3つの高校生向け新商品A、B、Cについて東京の高校生1万人に対して『すぐにでも買いたい』と思うかどうかを調査した結果、83％の高校生が商品Cを『すぐにでも買いたい』、商品A、Bについては、いずれも18％以下にとどまった」は、「ファクト・事実」であり、1万人のサンプルを網羅しているので統計分析として信頼できそうです。

それでは、このファクト・事実、統計分析から、解釈C「関東地域では高校生向け新商品Cについてキャンペーン販促を展開すると大きな売上が期待できる」は、ロジカルに導き出されるものでしょうか？

その判断は、「サンプル集団が十分に母集団の特性を代表しているか？」の検証結果に拠ります。すなわち、東京の高校生1万人からなるサンプル集団の特性が、関東地域全体の高校生からなる母集団の特性を十分に代表しているか？　に拠ります。

この検証のためには、東京の高校生1万人からなるサンプル集団がどのような組み合わせで構成されているのか？　を確認します。

例えば、立地・生活エリアの特性、課外活動・学校外活動の負荷、年齢、男女比、家族構成、世帯収入、など、3つの新商品に対する購買嗜好に影響を及ぼすだろうと想定される要因について、関東全体の高校生からなる母集団の多様性・特性を代表するように、東京の高校生1万人のサンプル集団が構成されていれば、母集団の特性を代表できていると判断します。

すなわち、サンプル分析の結果を活用する場合、常に、「サンプル集団が十分に母集団の特性を代表しているか？」を意識して検証しなくてはなりません。

母集団の特性が十分に代表されていないサンプル集団を採用して分析・解釈してしまうと「サンプル誤謬」に陥ります。解釈Bのところで取り上げたOver Generalization（行き過ぎた一般化）もサンプル誤謬の一パターンです。

サンプル調査に基づく統計分析の結果については、常に「サンプル誤謬」の懸念があることを肝に銘じましょう。

そして、常に「サンプル集団が十分に母集団の特性を代表しているか？」を検証・確認します。街頭インタビューの声が世の中の代表意見である確証はまったくありません。

このような一部のサンプルを過度に一般化・正論化してしまうOver Generalizationをはじめとするサンプル誤謬は排除しなくてはなりません。

3-3

起承転結

一貫したストーリー展開を貫く時、
「転」は脱線
御法度！

転

ロジカルシンキングにおける論理的なストーリー展開と起承転結とは、まったくの別物です。この2つを混同してはいけません。

起承転結は、漢詩（中国の詩）の組み立ての型を起源として、これに基づく物語や文章展開の型です。すなわち、文学的な物語や文章に多用される型であって、ロジカルシンキングにおける論理的なストーリー展開の型とはまったくの別物です。

ロジカルシンキングにおける論理的なストーリー展開は、推論として共有理解・納得を得られる一貫性を持ったシンプルな展開でなければなりません。

この推論の基本パターンは、

① 状況理解（現状認識・背景認識・問題意識）

② 現状・背景・問題に対する解釈・意味合い

③ 判断・アクション・結論（今後の思考・行動の追加・修正・改善）

と、第2章第5節「ストーリー展開」で解説しました。

わかりやすいよう、対比してみましょう。

まず、起承転結の展開例です。

■「起」：世界最大級のピンクダイヤモンドが盗まれる
■「承」：窃盗集団捜査が順調に進んで逮捕作戦遂行へ
■「転」：アジトへ踏み込んだら、アジトはもぬけの空。偽のアジトを追いかけさせる罠だった
■「結」：捜査を最初からやり直し、首尾よく本当のアジトを突き止めて窃盗団を逮捕

このように、起承転結の型は、物語の展開に読者の意表を突く「転」を組み込んで、意外性、想定外の面白さ、困難を乗り越える山場、として、物語の終盤を盛り上げます。

一方、論理的なストーリー展開の例としては、

①状況理解（現状認識・背景認識・問題意識）：すでに、人口構成の高齢化が進んで働き手の数が減少し、健康保険の負担増に伴って保険組合の収支が厳しくなってきている

②現状・背景・問題に対する解釈・意味合い：現在の働き手が現状のままリタイアしていくと、10年後には、現在の国民皆保険制度維持のための原資が十分に得られなくなって、国民皆保険制度の見直しが必要になると想定される

③判断・アクション・結論（今後の思考・行動の追加・修正・改善）：今後も永続的に国民皆保険制度を維持していくためには、a「現在、働き手となっていないものの、働けるだけの運動力・体力と能力がある労働ポテンシャル層の労働参加率を上げる」、b「健康維持・疾病予防策を浸透させて医療費総額の増加を抑制、あるいは削減を進める」、双方の施策を今から本気で展開する必要がある

というような、判断・アクション・結論に至る推論として、共有理解・納得を得ら

れる一貫したストーリー展開です。

一方、②と③の間に起承転結の「転」に相当するような話題を入れてしまうと、話の脱線となって推論展開の一貫性を乱してしまいます。

例えば「転」の例として、「大企業には内部留保が貯まっている、また、富裕層は多くの資産を保有しているので、企業や富裕層へ課税すれば、まだまだ国民皆保険制度維持のための増税は可能である」といった増税シナリオ、すなわち、労働ポテンシャル層の労働参加率を上げるとともに国民の健康を増進して医療費支出を抑制するシナリオではない要素を「転」として②と③の間へ組み込んでしまうと、推論の一貫性を乱してしまいます。

この論理的なストーリー展開・推論の目的が「労働ポテンシャル層の労働参加率を上げるとともに国民の健康を増進して医療費支出を抑制するシナリオ」に対する納得・賛同・協力を得ることであるならば、「増税シナリオ」の話を「ちなみに増税の可能性もある」として、このストーリー展開へ組み込むことは避けるのが賢明です。

もちろん、「増税シナリオ」論に対する納得・賛同・協力を得るための別の論理的ストーリー展開はあり得ます。

そして、大きな政策判断の議論の場では、「労働ポテンシャル層の労働参加率を上げるとともに国民の健康を増進して医療費支出を抑制するシナリオ」と「増税シナリオ」のそれぞれの論理的なストーリー展開・推論を理解したうえで、どちらが長期的に国民皆保険制度を維持できる可能性が高いのか、また、短期的には、何がしかの折衷案が必要なのかなどを議論することになるでしょう。

ロジカルシンキングにおける論理的なストーリー展開と起承転結は、まったくの別物であり、特に、「転」はストーリーの一貫性を乱すノイズであることを認識しておきましょう。

3-4

ことばつなぎはロジカル展開ではない

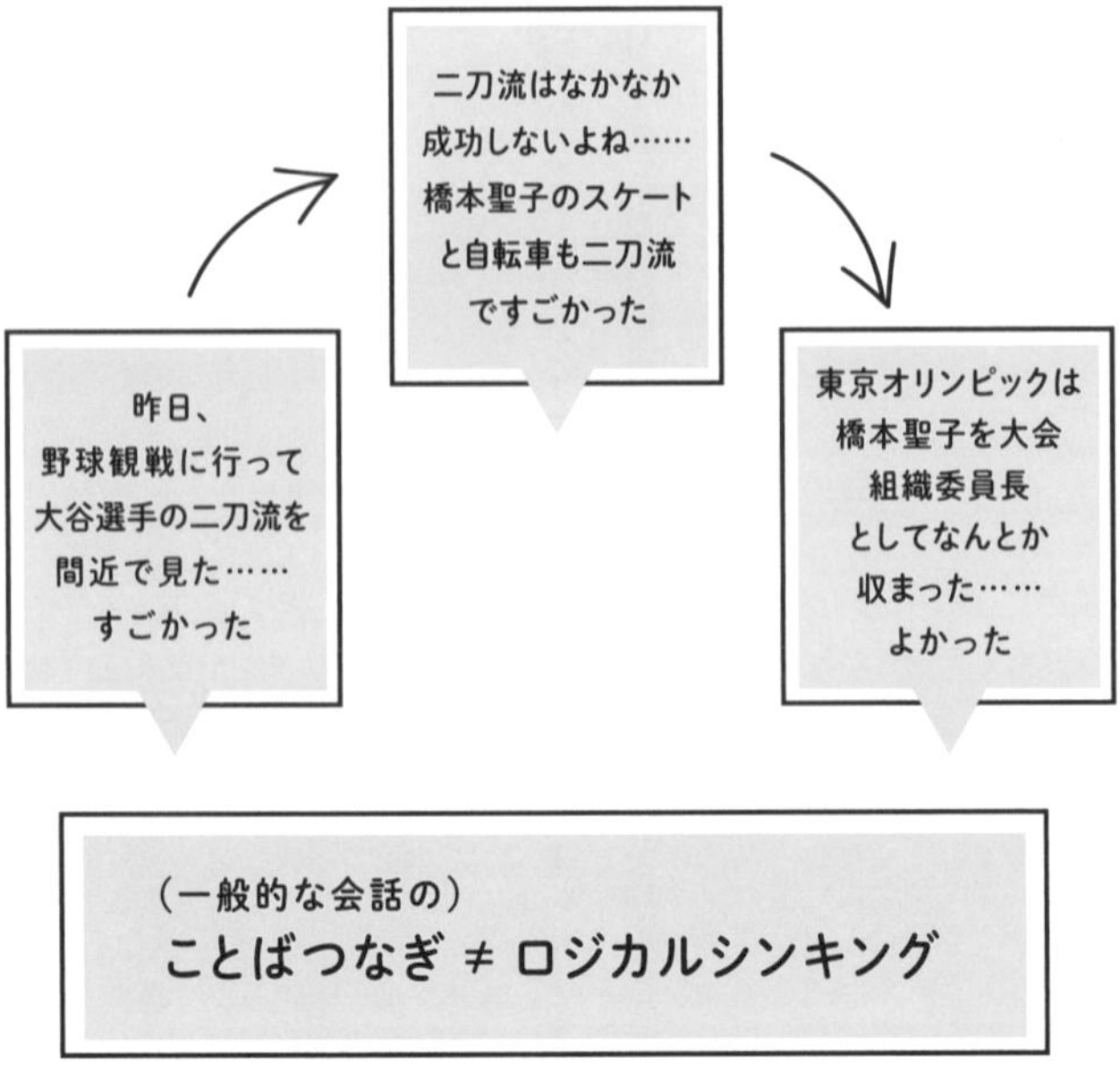
昨日、野球観戦に行って大谷選手の二刀流を間近で見た……すごかった
二刀流はなかなか成功しないよね……橋本聖子のスケートと自転車も二刀流ですごかった
東京オリンピックは橋本聖子を大会組織委員長としてなんとか収まった……よかった

（一般的な会話の）
ことばつなぎ ≠ ロジカルシンキング

つい論理的なストーリー展開に聞こえてしまいがちで注意が必要な罠が「ことばつなぎ（論理の飛躍）」です。

具体的には、ⅰ「キーワードをつないで論理的なように展開していく」、ⅱ「誰もが疑わないBig Word（思考停止ワード）を挟んで論理的なように展開していく」ものです。

一見、論理的に聞こえたとしても、じつは、典型的な非論理的展開、論理的飛躍となっています。キーワードをつないで展開していく典型的な「ことばつなぎ」は、雑談の場でよく多用され、とても有用です。何よりも話が弾みます、そして、意外性や発見なども盛り込まれて面白い展開にも至り得ます。例えば、

①今朝のニュースで紹介された桜がとても綺麗でした。桜の季節になりました
②近くの○○公園の桜もそろそろ満開になりそう
③お花見BBQの場所取り、今年はどうしようか
④今年はソロテントと毛布を持って場所取りしよう
⑤防災対策にもなるから、ちょっといいソロテントを買いに行こう
⑥S社のものがよさそう。防災対策もちゃんとやろう。備えあれば憂いなし

このような話の展開は、「ことばつなぎ」の典型的な一例です。日常会話では話が弾み、心地よく・楽しい会話になります。

一方、論理的なストーリー展開とは、明らかに別物です。

厄介な例として、一見、論理的に見えてしまいがちな展開があります。特に、Big Word（思考停止ワード）が組み込まれるとなおさらです。例えば、

①南極の氷を分析すると地球の温度変化の歴史がわかるそうだ

②この分析によって、地球温暖化の歴史がわかれば、現在進行中の地球温暖化の結果がどうなるのか、具体的な理解が進むだろう

③具体的な理解が進めば、地球温暖化に対する具体的かつ重要な対応策も立案しやすくなる

④重要な具体策が促進されるよう、個人や企業の行動をもっと積極的に変えていくために、政府は税金の使い方や規制を大きく変えるべきだ

⑤政府が税金の使い方や規制を大きく変えるためには、それによって損をする既

得権益者の反論が障害とならないよう、既得権益者の反論を上回る主張を有権者の間で盛り上げて多数派としていかなくてはならない

⑥ 既得権益者の反論を上回る主張をする有権者を盛り上げて多数派としていくために、メディア・教育の展開が重要である

このような話の展開は、一見、論理的に聞こえてしまいませんか？

詳しく見ていきましょう。

まず、Big Word（思考停止ワード）に要注意です。

この例では、「地球温暖化」「既得権益者」「有権者」「税金の使い方や規制」「多数派」「メディア・教育」といったワードです。

このようなBig Wordが組み込まれると、その言葉が意味する具体的なことまでイメージ・思考することなく、無意識のうちに話の展開が意義深い・高尚で論理に裏付けられているかのように感じられてしまいがちです。

無意識に、疑うこともなく、論理的に検証して理解しようという意欲を削いでしまう誘惑に惑わされてしまうのが、Big Word（思考停止ワード）です。

さらに、詳しく見ていきましょう。
①から②、③へ至る展開は、論理的と言えます。
一方、③から④、④から⑤、⑤から⑥への展開には論理の飛躍があります。
③から④については、③の「地球温暖化に対する具体的かつ重要な対応策が立案しやすくなる」という主張を受けて、④の「税金の使い方や規制を大きく変えるべき」とは、どういう論理的な展開に基づいているのか、まったく不明です。

もちろん、税金や規制が有効に機能する対応策もありますが、具体的かつ重要な対応策が何であるか、そのために税金や規制の大幅な変更が必要となるのか、あるいは、小さな変更でも十分に有効な結果が得られるのか、まったく語られていません。
④の主張については、むしろ、具体的かつ重要な対応策をできる限り少ない税金で、かつ、すぐにでも変更できる現実的な範囲の規制変更で早期に実施して、効果を最大化できる対応策のほうが望ましいはずです。

④から⑤については、税や規制の変更によって損をする既得権益者の反論が障害と

なるのは、世の常です。その反論を乗り越えるために「有権者の間で盛り上げて多数派とする」という主張です。「有権者」「多数派」というBig Word（思考停止ワード）の組み合わせです。至極論理的に聞こえますが、じつは論理的には飛躍しています。

税や規制の変更施策のそれぞれについて国民投票するわけではありません。その意思決定は国会に付託されています。

世論調査もありますが、サンプル調査であり、国会の意思決定に一定の影響力はあるくらいでしょう。国会における意思決定を実現するための算段としては別次元の活動が必要です。

最後に、⑤から⑥についてです。「有権者を盛り上げて多数派としていく」ために「メディア・教育の展開が重要である」という主張の展開は、一見、高尚で論理的な展開のように感じられます。

まず、⑥の主張は、じつは「メディア・教育」というBig Word（思考停止ワード）が大事としか主張していません。あまりにも曖昧表現のままで、どんな「メディア・教育」が大事なのか、具体的に主張しないと何も意義が感じられません。そもそも「メディア・教育」は、どんなテーマについても大事なものです。

すなわち、⑥の主張は、当たり前で抽象的すぎて、じつは、本テーマに関わる具体的なコトには一切触れられていない、意義あることを何も主張していない文章です。⑥を多少なりとも意義ある具体的な文章とするためには、例えば以下のような表現にする必要があります。

■地球温暖化が、私たちの生活に及ぼしている影響を実際に体験する体験学習の場を中等教育に盛り込み、加えて、コミュニティ、自治体、企業単位で進める地球温暖化対策の取り組みとその効果例を参照できるメディアを作ることから始めるのが得策である

雑談が目的なのか、判断・アクション・結論を共有理解・納得・合意することが目的なのか。それによって、ロジカルなストーリー展開とするのか、ことばつなぎの展開とするのか、明確に使い分けましょう。

そして、「Big Word（思考停止ワード）」については、常に要注意と意識してください。**「Big**

Word＝曖昧語、思考停止ワード」と脳に刻んで、そのような表現に出合ったら、条件反射的に「違和感」を感じて「具体的にはどういうこと？」と自問しましょう。

第4章

基本技を理解しよう

ロジカルシンキングには大事な基本技があります。

本章では、11の大事な基本技について解説します。

これらの11の基本技は、ロジカルシンキングを実践していくために必須となる基本ツールです。常に意識して実践を重ね、うまく駆使できるよう磨いていきましょう。

4-1

二項対立・対比

Aの対比は？
Aに反対するヒトとは？
→ 見えていない反対側の視点へ

Aと Bの共通点は？
Aと Bの相違点は？
→ 単純に見えていることの先の視座へ

広い視野に立って多面的な思考へ

二項対立・対比は、「多面的思考」「広視野角思考」を促す原点・出発点です。

「Aの対比は？ Aではないということは？」「Aに反対するヒトは？」と反対側を考える習慣が、見えていない・見えにくい反対側の視点に気づく、そしてその視点を理解するきっかけになります。

そして、**「AとBの共通点は？ 相違点は？」と考える習慣が、単純に見えていることをより深く理解し、さらに、その先の視座・視点を持つきっかけとなります。**

例えば、「幸せ」というキーワードについて、「幸せ」ってどういう状態なのか？「幸せ」な状態は多種多様ですから、これを具体的に表現するのは単純なことではありません。多種多様な「幸せ」な状態を具体的に表現するためには、「多面的思考」「広視野角思考」が求められます。そのために「不幸な状態とは？」と「幸せ」の反対を思考してみることはとても有効です。

また、「人間と猿の共通点は？ 相違点は？」を考え・探究していくことが、人間の生物的理解、社会性理解にとても有効なので、（対比としての）「猿」の研究が重要な学問として探究されています。

4-2

ステークホルダー視点

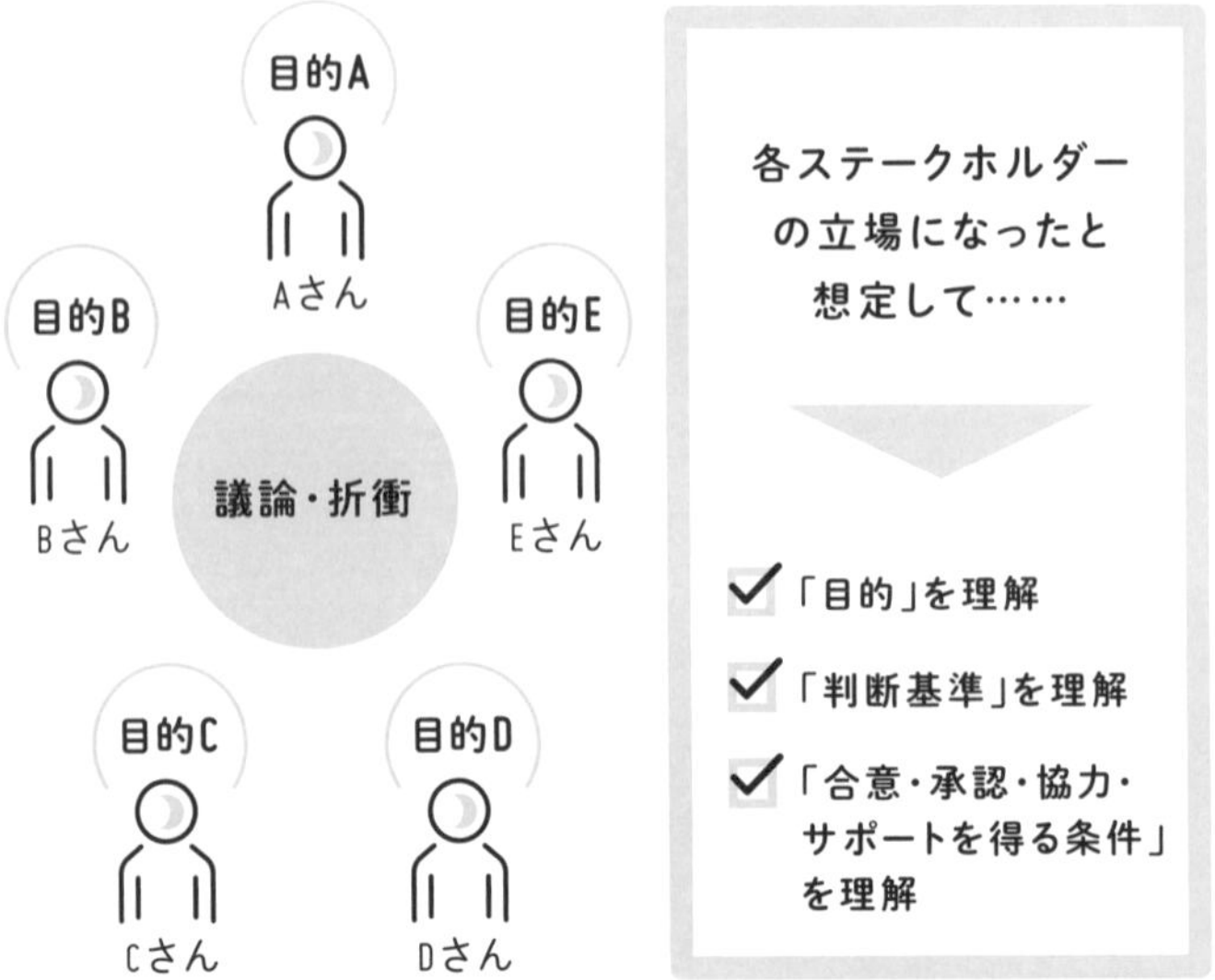

何かのアクション・コトを起こそうとする時、複数の方々より合意・承認・協力・サポートを得ることが必要になります。

会社、事業組織、団体、コミュニティ、チームに影響がある・関わることとなれば、複数の利害関係者・ステークホルダーから合意・承認・協力・サポートを得ることが必須です。

このような時、それぞれのステークホルダーの視点に立って、各ステークホルダーの利害、達成したいこと、どうなれば幸せなのか、を理解することが、最重要な視点・思考の一つです。

一つのアクション・コトに対して利害関係を持つ複数のステークホルダーのそれぞれに、違った「目的」があり得ます。「目的」がそれぞれに違えば、合意・承認・協力・サポートを得るための条件もそれぞれ異なります。

よって、まず、それぞれのステークホルダーの視点に立ったと想定して、彼らの

「目的」を理解します。

そして、それぞれの「目的」の理解にしたがって、各ステークホルダーの「判断基準」を理解し、「合意・承認・協力・サポートを得る条件」を具体的に探ります。

この時、想定のみでは、各ステークホルダーの「目的」「判断基準」「合意・承認・協力・サポートを得る条件」を十分把握できないことが多くあります。

このような時には、ステークホルダーとの会話・議論を通じて、より正しく「目的」「判断基準」「合意・承認・協力・サポートを得る条件」の理解が進むよう、巧みな質問・会話のやりとりをします。

ステークホルダーの立場が変われば「目的」が変わります。

「目的」が変われば、「判断基準」「合意・承認・協力・サポートを得る条件」も変わります。

したがって、「ステークホルダー視点」は、複数のステークホルダーが関わる問題

第 4 章

基本技を理解しよう

解決において最重要な基本技です。

4-3

フレームワーク思考

a「思考の漏れ」を防止する

1 先人が有益として遺した資産

— PEST
— 5 Forces
— 組織の7S　などなど

2 時々の必要に合わせてMECE的に要素分解

— プロセスフロー
— セグメント分解
— 時系列分解　などなど

b「優先順位」を判断する

3 2×2マトリクス

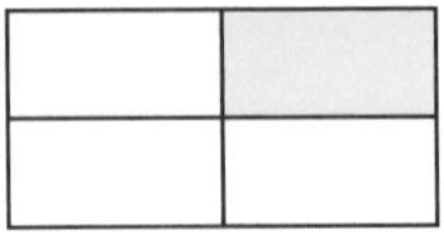

4 その他のマトリクス

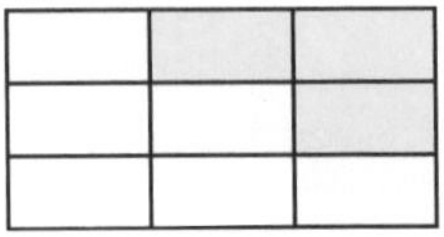

フレームワークの例示

- 2×2マトリクス
- プロコン表
- 5W1H
- オズボーンのチェックリスト
- PEST
- 5 Forces
- SWOT
- アンゾフ・マトリクス
- 3C
- 4P
- AARRR
- AIDMA/AISAS
- イノベーター理論
- Customer Journey
- Customer Value Chain
- プロダクトライフサイクル
- ビジネスプロセス
- VRIO
- ビジネスモデルキャンバス
- ABC分析(パレート分析)
- Value Chain/サービスブループリント
- プロダクトポートフォリオマネジメント
- 組織の7S
- PDCA/OODA
- MECE

フレームワーク思考とはまず、「思考の漏れ」を防止するためのツール・思考です。フレームワークには、先人が有益として遺した資産・知恵としてのフレームワークと、時々に合わせてMECEを活用した要素分解的フレームワーク、**さらに、優先順位を判断する・セグメントするためのフレームワークが典型的です。**

まず、先人が有益として遺した資産・知恵としてのフレームワークの例としては、事業環境を理解するための「PEST」分析、業界構造を理解するための「5 Forces」分析、組織の状況と変革のポイントを理解する「組織の7S」などがあります。

これらのフレームワークで示された項目について洗い出し・検討を進めることで思考の漏れを防ぎます。同様に、時々に合わせてMECEを活用した要素分解的なフレームワークの例としては、対象とした製品・サービスについて、プロダクトライフサイクルを描く、サプライチェーンのValue Chainを描く、製造工場の製造プロセスや営業の案件発掘から契約までのプロセスについてビジネスプロセスを描く、などです。対象とした製品・サービスについて、MECEを活用して、プロダクトライフサイクル、Value Chain、ビジネスプロセスを具体的に要素分解して得られた一連の項目について、全体を俯瞰し、各項目について具体的に検討を進めることで検討・思考の漏れを防ぎます。

優先順位を判断する・セグメントするためのフレームワークとしては、2×2マトリクス、あるいは、3×3マトリクスが多用されます。主要な判断基準となる2つの判断軸を選んで、それぞれの判断軸の高低（高中低）を評価し、評価結果の組み合わせから優先順位を論理的に明らかにします。

二項対立・対比、ステークホルダー視点、フレームワーク思考を組み合わせて駆使すると、より拡がりと深さがある「多面的思考」ができます。

二項対立・対比、ステークホルダー視点、フレームワーク思考を駆使した「多面的思考」

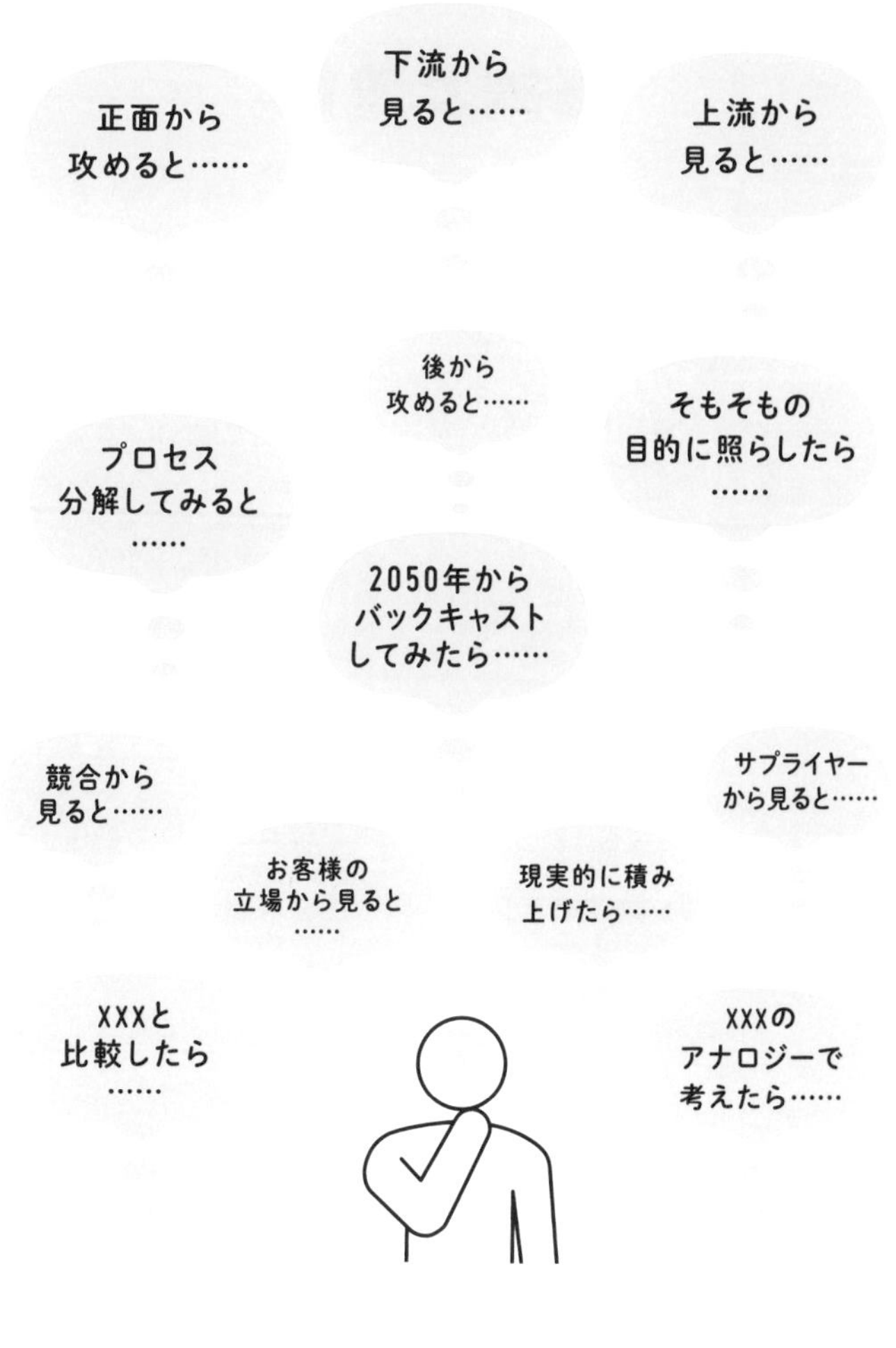

4-4

帰納と演繹

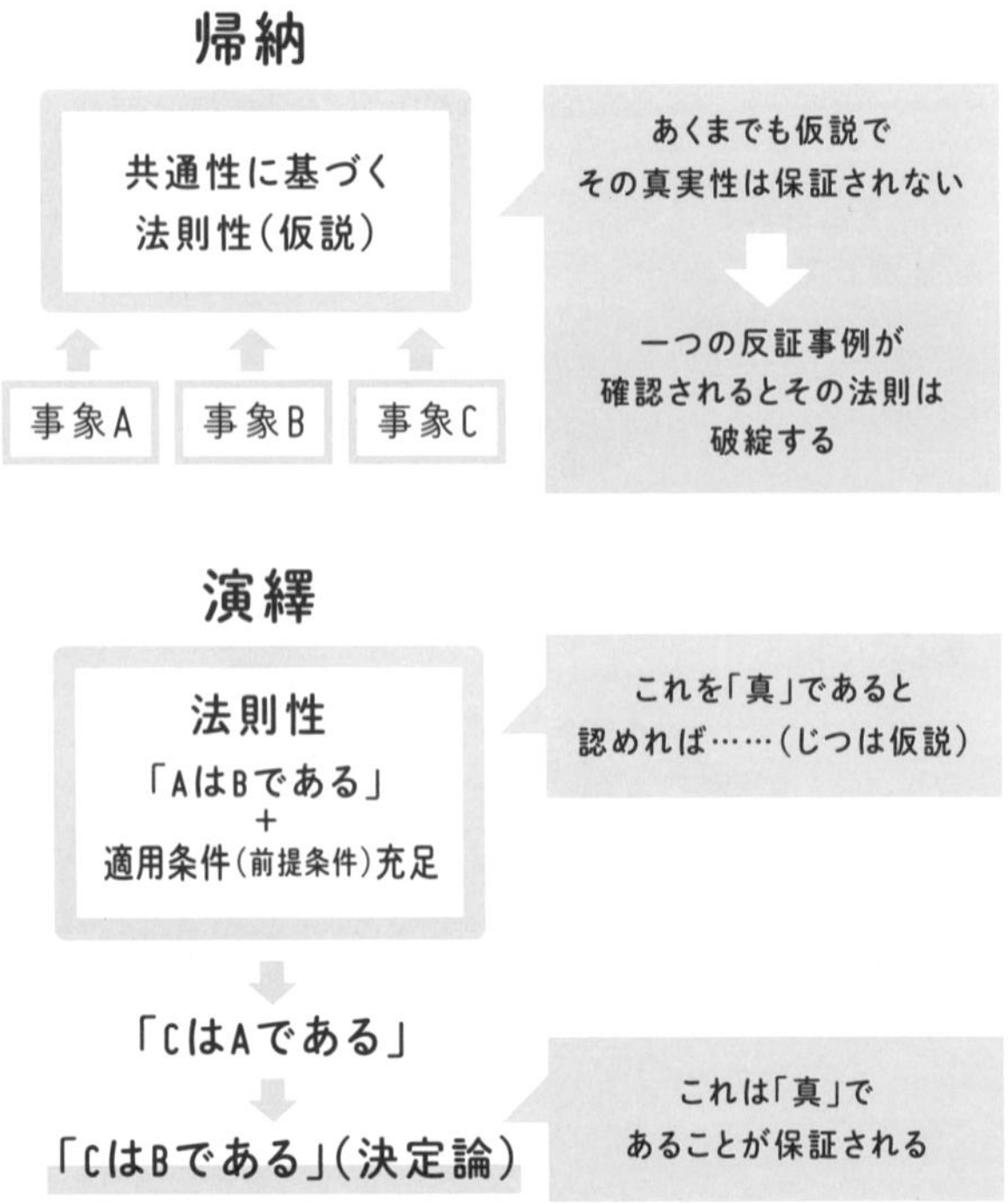
帰納
共通性に基づく
法則性(仮説)
事象A
事象B
事象C
あくまでも仮説で
その真実性は保証されない
一つの反証事例が
確認されるとその法則は
破綻する
演繹
法則性
「AはBである」
+
適用条件(前提条件)充足
これを「真」であると
認めれば……(じつは仮説)
「CはAである」
「CはBである」(決定論)
これは「真」で
あることが保証される

帰納的思考は、複数の事象から見出された共通性を法則仮説として、類似の事象に対しても適用可能とする仮説思考です。すなわち、帰納的思考から得られた理論・法則は、あくまでも「仮説」であって、その真理性は保証されません。

したがって、今後の研究・探究の結果によって、アップデートされ、書き換えられる可能性が十分にあります。典型的な例を紹介します。

ニュートンにより万有引力の法則が、人工衛星の打ち上げなど数々の分野へ適用・応用されて、役に立っています。その後、アインシュタインの一般相対性理論の登場によって物理学理論が書き換えられました。これからも「現在は正しいもの」とされている理論・法則は書き換えられていくでしょう。

演繹的思考は、帰納的思考から得られた理論・法則を拠り所として、数々の具体的な事象へ応用展開していくために有効です。演繹的思考は、典型的な三段論法のように、「AはBである」「CはAである」したがって「CはBである」と結論づけるもので、結論が一つに決定される一義的な決定論です。

したがって、**演繹的思考を進める際には、拠り所とする理論・法則は、現時点にお**

いてアップデートされているものか、議論の対象が、その理論・法則の適用条件（前提条件）を充足しているか、について注意することが必要です。

帰納、演繹の特性と限界について正しく理解することがとても大事です。

新機軸となるような新しいコトは、帰納的思考からのみ生まれます。

演繹的思考は、帰納的思考から得られた法則性を足がかりに展開される故に、帰納的思考から法則性を見出す洞察なくしては成立し得ません。すなわち、演繹的思考は、帰納的思考から導き出された法則性を適用しているに過ぎませんが、とても有用です。

日常生活では、これまでの常識（社会の法則）、パラダイム（社会の構造・前提条件）は、帰納的思考から得られた新たな発見・解釈の結果として、新たな理論・法則・前提条件へと書き換えられる可能性があります。

その結果、これらのアップデートにしたがって、旧来の理論・法則・前提条件によって演繹的思考から正しいと考えられていたこれまでの結論も、書き換えられていきます。

4-5

具体と抽象

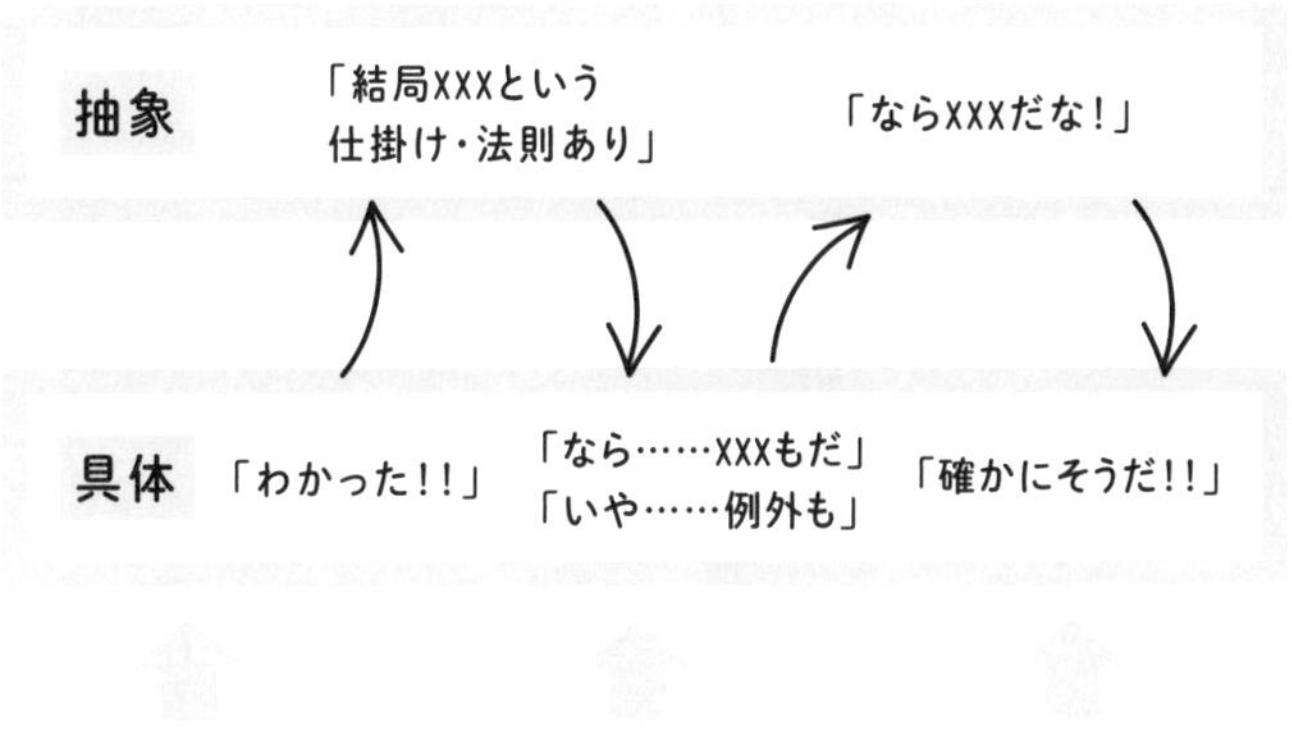

二項対立・対比

- ✓ Aの対比は？
- ✓ XXXでないなら？

レベル観・因果関係、順番に対する感度高く

- ✓ レベル観は？
- ✓ 因果関係にあるのか？
- ✓ この順番か？

アナロジー思考

- ✓ XXXの例を転用したら？
- ✓ XXXの例と同じか？

具体と抽象のレベル観、一般的には「抽象度」と言われるコトを理解し、具体的思考と抽象的思考の組み合わせ方・往復運動を身に付けます。

これが意識的にできるようになると、右脳と左脳の協働作業がより活性化されて思考がどんどん拡がり、深まっていくことが実感できるようになります。

「抽象的思考」「抽象度が高い」とは、「結局XXという仕掛け・法則がある」といった、他の事象にも適用可能と考えられる法則性・規則性・仕掛けなどを思考することです。

単純に曖昧な表現へ括ってしまうことも「抽象化」の一つではありますが、**ロジカルシンキングとして意味のある「抽象化思考」は、複数の事象にも適用可能な法則性・規則性・仕掛け、さらには、定義などを言い当てることです。**

この「抽象化」ができると、具体的思考では「ということは、どんな事象に適用可能か？」「例えば、XXという事象に適用すると、どうなるのか？」と思考が進みます。

すなわち、複数の事象からの共通性や相違性を分析するとともに「抽象化思考」して、複数の事象にも適用可能な法則性・規則性・仕掛け、さらには、定義を見出します。これは帰納的思考です。

そして、その法則性・規則性・仕掛け、さらには、定義を他の事象へ適用して具体的思考をしていきます。

具体と抽象の往復運動を促す拍車として、アナロジー思考（類似例思考）が特に有効です。さらに、二項対立・対比の基本技、因果関係・順番に対する分析眼の感度を高くすると、具体と抽象の往復運動がより加速されます。

4-6

階層思考
（レベル観思考）

階層・レベル観

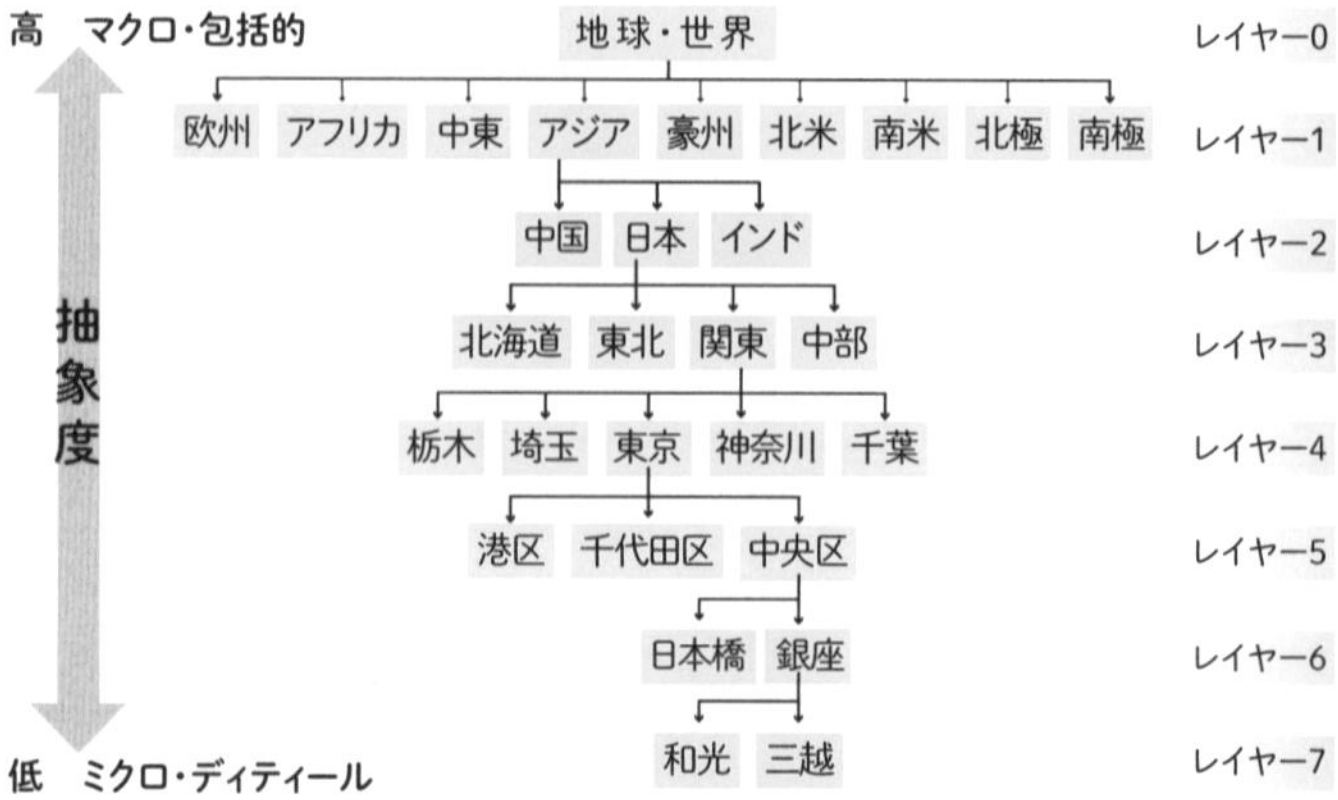

上下・横並びの順番・位置関係にこだわる感覚
同じ階層・レベル観（レイヤー）にある項目は
括ってグループ化できる!!

「階層思考（レベル観思考）」は、すべてのモノゴトには階層（レベル観）があると常に意識することです。

特定の階層（レベル観）を切り口として、複数のモノゴトを括ってグループ化して仕分け、他のグループと区別して理解することが、モノゴトの理解、発想の拡大、判断のためにとても有効です。

そして、同じ階層（レベル観）にあるもの同士を比較することが「ロジカルシンキング」では必須の大原則です。

同じ階層（レベル観）にあるモノゴト同士を比較検討することによって解釈が有意義になります。

とても単純な例としては、四季のある日本において、年平均気温と夏の平均気温、3月の平均気温を並べて比較しても、年平均気温に比べて差分が何度ある、といった単純な引き算の結果以上に意義のある解釈は出てきません。

一方、3月の平均気温を50年間にわたって並べて比較検討すると、経年の気候変動について有意義な解釈が得られるでしょう。

このように、比較検討する際には、必ず階層（レベル観）が同じもの同士で比較しましょう。このように比較することを、「Apple to Apple」の比較と呼びます。

典型的な階層（レベル観）の例としては、

①空間の拡がり：宇宙レベル（銀河系、銀河系外）、太陽系レベル（太陽、水星、金星、地球…）国レベル（日本、米国、中国、ドイツ、フランス、英国……）、都道府県レベル（北海道、青森、岩手、秋田……）、市レベル（那覇市、鹿児島市、土佐市……）、町レベル（大手町、寿町、三番町……）、施設種類レベル（学校、病院、駅……）……

②時系列：現在切り口レベル（過去、現在、未来）、年単位レベル（2020年、2021年、2022年……）、月単位レベル（1月、2月、3月……）、日単位レベル（1日、2日、3日……）、時刻単位レベル（0時、1時、2時……）……

③分野・領域：産業業種レベル（農業、水産業、鉱業、建設業、製造業、サービス業……）、サービス業に含まれる業種レベル（健康産業、金融業、ホテル業、IT業……）、健康産業に含まれる事業レベル（スポーツジム、サプリ、健康機器……）、スポーツジム事業者レベル（A社、B社、C社……）

④属性：生物種のレベル（動物、植物、菌類……）、動物種のレベル（哺乳類、鳥類、魚

類……)、哺乳類のレベル(ヒト、猿、犬、猫……)、ヒトのレベル(XX人、XX人、XX人……)、宗教のレベル(キリスト教、イスラム教、仏教……)、国籍のレベル(日本、中国、米国、インド……)、同居家族構成のレベル(1世代、2世代、3世代……)……

⑤優先度のレベル:「MUST:絶対に必要なこと」「NEED:普通に必要なこと」「Nice to have:できればあるほうがよいこと」

⑥革新度のレベル:「新機軸:まだ世の中にはない革新」「変革:世の中にあるコトでありつつも実現のハードルが高い変革」「改善:現状の延長線上でよりよい方向へ積み上げていく改善」

などです。階層レベルの切り口として、①から④の例は、イメージを持ちやすいと思います。⑤⑥のような階層レベルの切り口についてもしっかり意識をして区別していきましょう。⑤の優先度の階層切り口、⑥の革新度の階層切り口について明確に意識を持って区別できるようになると、注意の向け方、議論の仕方などがブレなくなってラクになります。

⑤の優先度の階層(レベル観)を意識すると、些細なことに乱されなくなります。ヒ

トの注意力のキャパシティには限界があるので、常に優先度が高い「MUST：絶対に必要なこと」を明確に意識してそれらをグループ化して区別し、同様に「NEED：普通に必要なこと」「Nice to have：できればあるほうがよいこと」についてもグループ化して区別しておけば、些細なことに乱されず、仕事や生活がラクになります。

優先度の各階層（レベル観）へ、多数のタスクを仕分けしていく判断基準は、「目的達成のための必要度・貢献度合い」に基づきます。

⑥の革新度の階層（レベル観）を意識して区別できると、議論をする際に、その目的がより明確となります。そして、議論が進めやすくなります。

「新機軸レベル」「変革レベル」「改善レベル」では、その取り組みの難易度も、進め方も、そのためのリソースの割き方もまったく違います。

すなわち、「新機軸レベル」の取り組みにおいては、中長期的に新機軸を創造することを目的として「実現性」の優先度は後回しにします。一方、「改善レベル」の取り組みについては、短期的に着実な生産性や利益率の向上を目的として「実現性」「投資回収率」についての優先度を高くして議論します。

さらに、「新機軸レベル」の取り組みは中長期的なチャレンジであり、チャレンジのすべてが実現しなくとも、そのうちの一つでも2つでも実現して成功することを目指します。一方、「改善レベル」の取り組みは、短期的にすべての改善の取り組みについて、確実な投資対効果の実現を求めます。

このように、「新機軸レベル」と「改善レベル」の取り組みはまったくレベル観が異なるものですが、これらが明確に区別されないまま、ごった煮で議論され、その結果として「新機軸レベル」の取り組みが雲散霧消してしまうことが散見されます。

そうならないよう、常に階層思考（レベル観思考）を意識して複数のモノゴトを俯瞰し、グループ化して区別して理解しましょう。

階層思考（レベル観思考）は経験を重ねるとともに、モノゴトを括ってグループ化する具体的な切り口のライブラリーが増えていきます。

切り口のライブラリーの数の多さが、階層思考（レベル観思考）の習熟度アップにつながります。

4-7

未来洞察

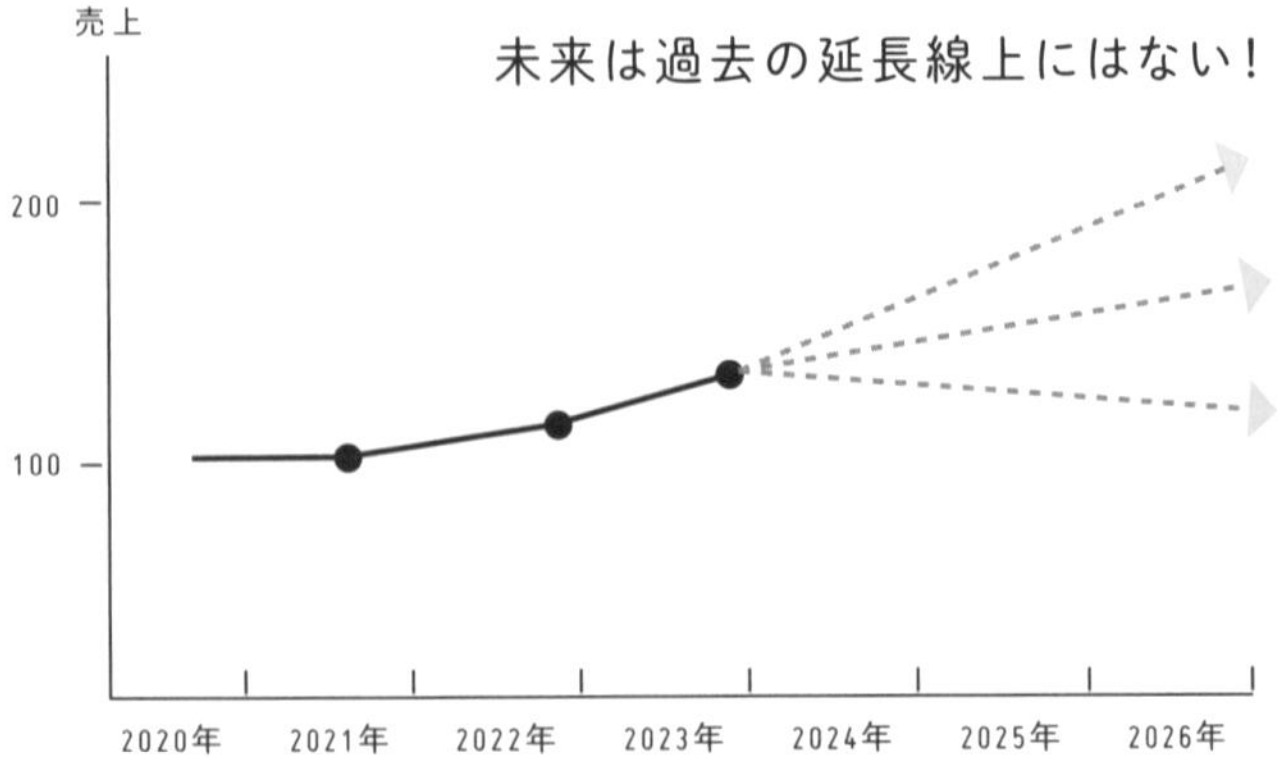

再現されることは……
再現される

再現されないことは……
再現されない

たまたま起こったことは……
再現されるかわからない

未来洞察を磨いていく出発点として「未来は過去の延長線上にはない！」ことをしっかり理解してください。

10本のくじの中に、1本の当たりが入っているくじがあります。常に10本のくじから、くじを1本引いていく時、あなたが、次のくじを引いて当たる確率は常に10分の1で一定です。

過去に9回くじを引いて、9回ともにハズレであったとしても、10本のくじが入った状態で次のくじを引く時、あなたが当たる確率は10分の1です。

すなわち、未来は過去とは無関係です。

このくじの例の話について、日常生活とはまったく関連しないだろうと違和感がある方々も多いでしょう。

日常生活の話へ解説を進めると、未来について、大事なことは、

a 「再現されること」は再現される
b 「再現されないこと」は再現されない
c 「たまたま起こったこと」は再現されるかわからない

ということです。一見、無意味な表現に見えるかもしれませんが、じつは、「再現される」「再現されない」条件を見極めることが未来洞察の拠り所になります。

前述のくじの話は、cの「たまたま起こったこと」なので再現されるかどうかわからないため、当たる確率は常に10分の1で一定でした。

未来洞察は、これからの未来に向けて「①変わらないコト・メカニズム」と「②変わる・変えられるコト・メカニズム」を明確に切り分けて理解し、「③変わるコト・メカニズムについては、変化する方向」を見極め、①と③を足がかりとして、未来に対する仮説的な解釈・想定（シミュレーション）を組み立てます。

未来洞察を進めていく際に、どうしても過去の考え・過去の例に囚われがちです。過去に囚われない真の未来志向を実践するために、次の5つを意識します。

a　無意識の前提・常識に囚われない「ゼロベース思考」：暗黙のルールや制約条件はないか？　ある場合は、そのルールや制約条件がなければ、どんな未来まで想像できるか？　と問いかける

b　未来に向かって変わらないコト・メカニズムをつかむ：例えば、ヒトはラクを

未来志向の足がかり

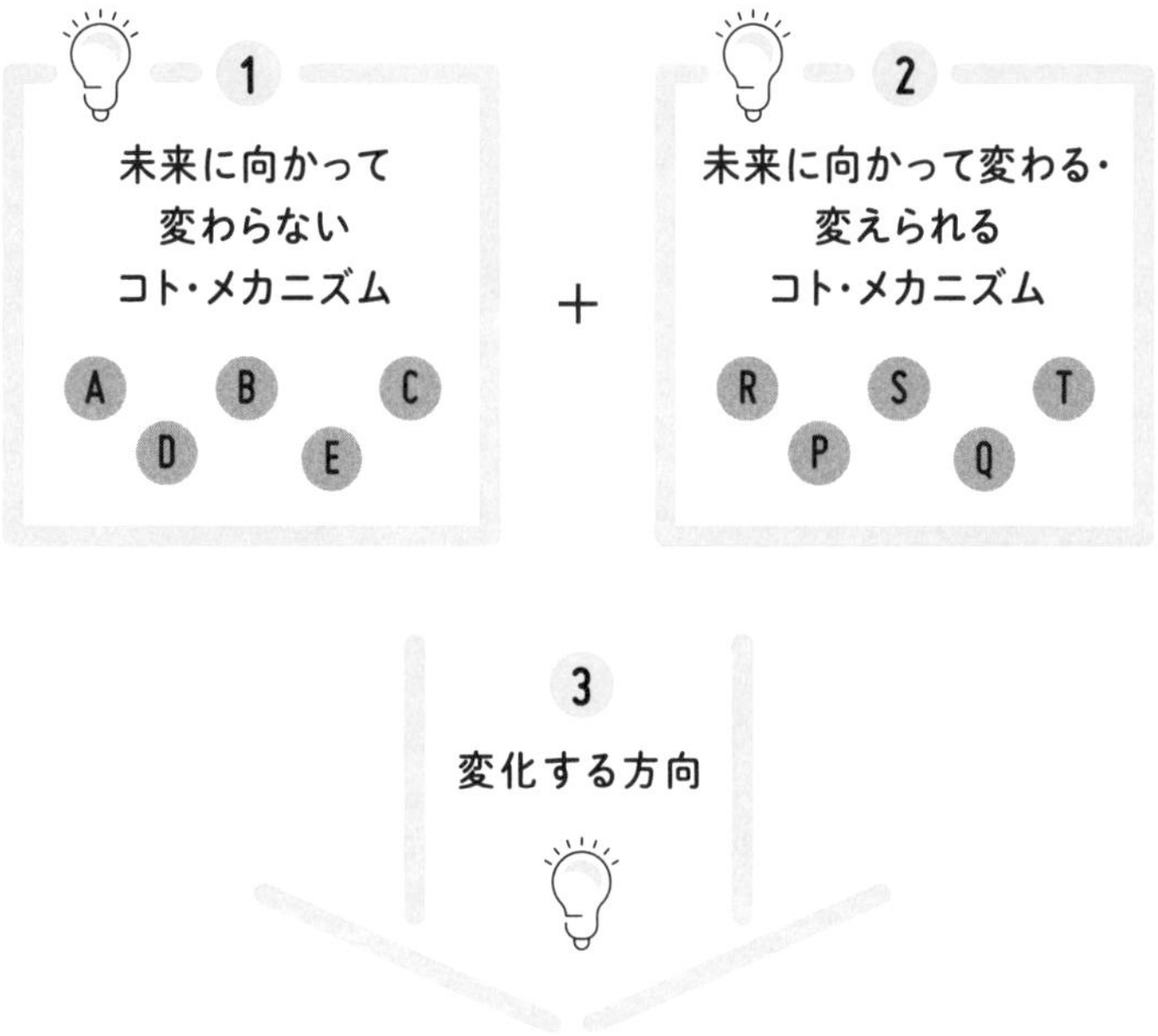

未来に向かって……

「変わらないコト・メカニズム」と

「変化する方向」を組み合わせて

未来を描く!!

■ 過去に囚われない未来志向

a ゼロベース思考 ― 無意識の前提・常識に囚われない

b 未来に向かって変わらないコト・メカニズムをつかむ

c aとbを足がかりに未来に向かって変わることができる方向の最大限・境界を見極める

d 全体観に基づくシステム思考・構造化から変化の起点（変化のヘソ）を見極める

e cを見切ってbを紡いで未来のメカニズム・方向と姿を描き、dの変化の起点（変化のヘソ）から変化を構想・実装していく

したい、周期的に大地震や大噴火が起こる、動物は酸素を消費して植物が酸素を生成する、といったことは、未来に向かって変わらないコト・メカニズムの一例。未来志向をする時、関連するモノゴトやメカニズムとして変わらないことを見極めて未来洞察の足がかりとする

C

未来に向かって変わることができる方向の最大限・境界を見極める∴未来に向かって変わらないことを見極め、同時に、暗黙のルールや制約条件を外した時、どこまで変わることがあり得るのか？

最大限の変化の境界を想定する

d　全体観に基づくシステム思考・構造化から変化の起点（変化のヘソ）を見極める：どんなことがその変化が始まる起点・きっかけとなるのか？　複数のファクターが複合的に関連する構造を理解して、変化の起点（変化のヘソ）を見極める

e　未来のメカニズム・方向と姿を構想・実装する：aからcの視点を統合して、未来のメカニズム・方向と姿を描き、dの変化の起点（変化のヘソ）からの変化の道筋を構想・実装していく

これら5つをしっかり意識して、過去に囚われない未来志向を実践しながら磨いていきましょう。特に、最初のa「ゼロベース思考」、無意識の前提・常識となっている暗黙のルールや制約条件は何か？　これらがなければ、どんな未来まで想像できるのか？　についてしつこく探究して、bからeへと進みます。

4-8

「仮説思考」は間違い思考

次のプロセスが加速されるように!
(これが逆算の核心)

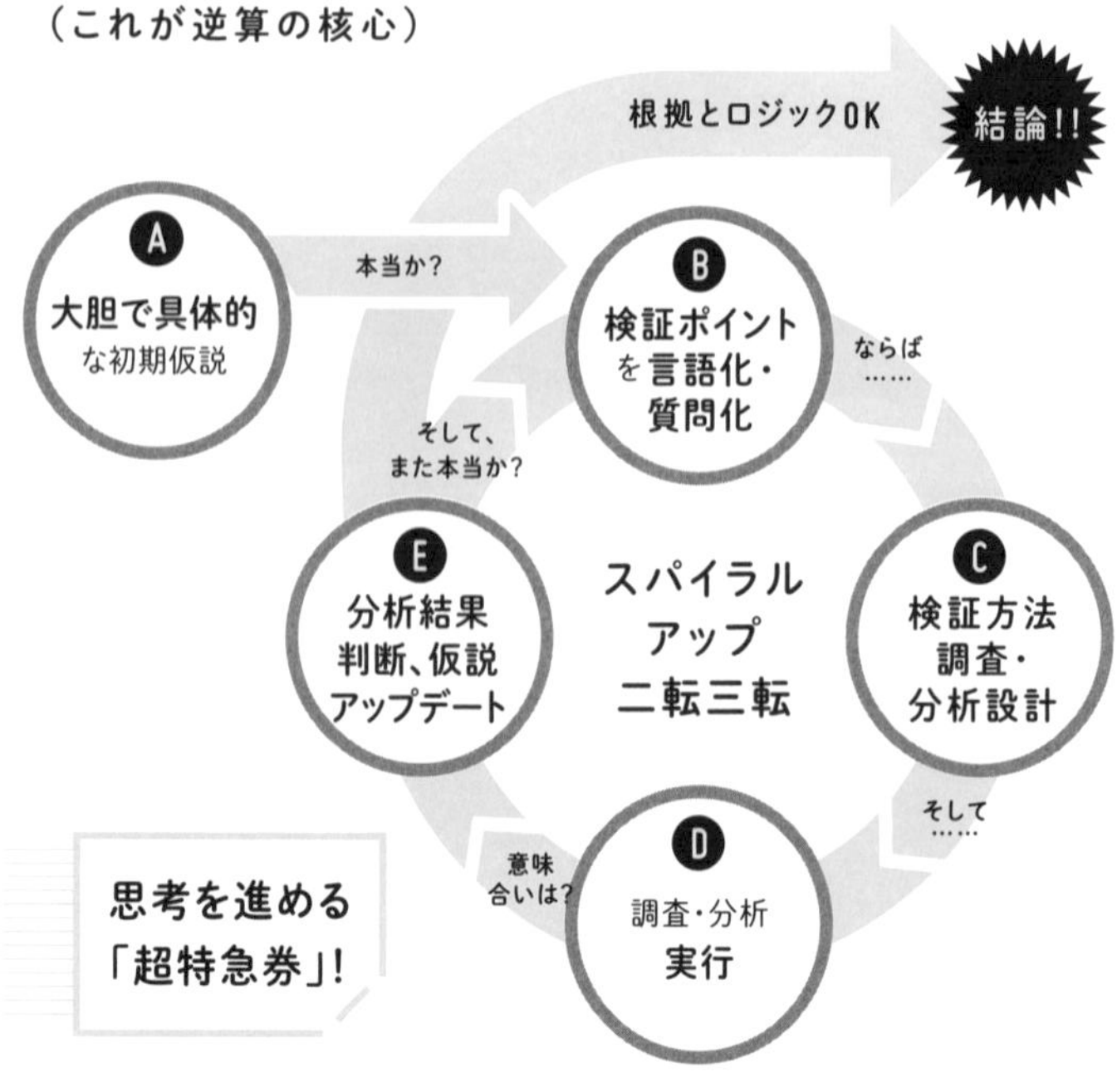

仮説思考は間違い思考です。

わざわざ「仮説」と注釈を付けるのは、「仮説」が最終的な結論ではなく、書き換えられることが前提だからです。すなわち、間違いを明確化して修正・アップデートしていく叩き台です。

仮説思考が結論に至る効率的な思考法としてその効果・威力を発揮するためには、叩き台となる「仮説」が超具体的で、その間違いを具体的に次々と指摘したくなるほどのものであることが必要条件です。

超具体的な「仮説」であるからこそ、具体的な疑問や検証ポイントがどんどん湧き上がって仮説検証のサイクルが回り始めます。

仮説思考とは、「超具体的な間違い」を起点に、仮説の書き換えアップデートを高速回転（仮説思考サイクル）させていく間違い思考です。

仮説思考は、5つのエンジンで回していく一連のアップデートサイクルです。

そのエンジンは、次の5つです。

Ⓐ　大胆で具体的な初期仮説
Ⓑ　検証ポイントを言語化・質問化
Ⓒ　検証方法、調査・分析設計
Ⓓ　調査・分析実行
Ⓔ　分析結果判断、仮説アップデート

優れた仮説とは、ゴールへうまく・ラクに辿り着くために役立つ具体的な疑問や検証ポイントがどんどん湧き上がってくる仮説です。

間違えることを前提に、間違えるほど超具体的に仮説を設定してアップデートしていくことが大事です。

ところどころ間違っていそうな超具体的で疑問がどんどん湧いてくる「いい・ワクワク仮説」と、抽象的で正しそうな「意味のない仮説」の違いをはっきりと意識して「いい・ワクワク仮説」から始まる仮説思考サイクルを回していきましょう。

優れた「仮説」とは?

具体的な「本当か?」「疑問」が次々と湧いてくる!!

「確からしい」「抽象的」「間違ってなさそう」な仮説では価値がない……

結論に向かう発射台の方向がうまい!!

結果としての結論に対して正反対の方向へ発射するのも有効……
「疑問」「検証ポイント」「結論分岐点」をうまく辿るように……
明快な方向・ポジションをとる

いい・ワクワク仮説 vs. 意味のない仮説

いい・ワクワク仮説

- ところどころ間違っていそうな気がする具体的仮説
- 疑問満載で検証が大変そう
- 検証が進むに応じて仮説がどんどん書き換えられる

意味のない仮説

- 正しそうな抽象的仮説
- サクサクッと検証できそう
- ざっくり検証でどんどん正しさが裏打ちされる仮説はほぼ書き換えられない

■「仮説思考」(間違い思考)とは……

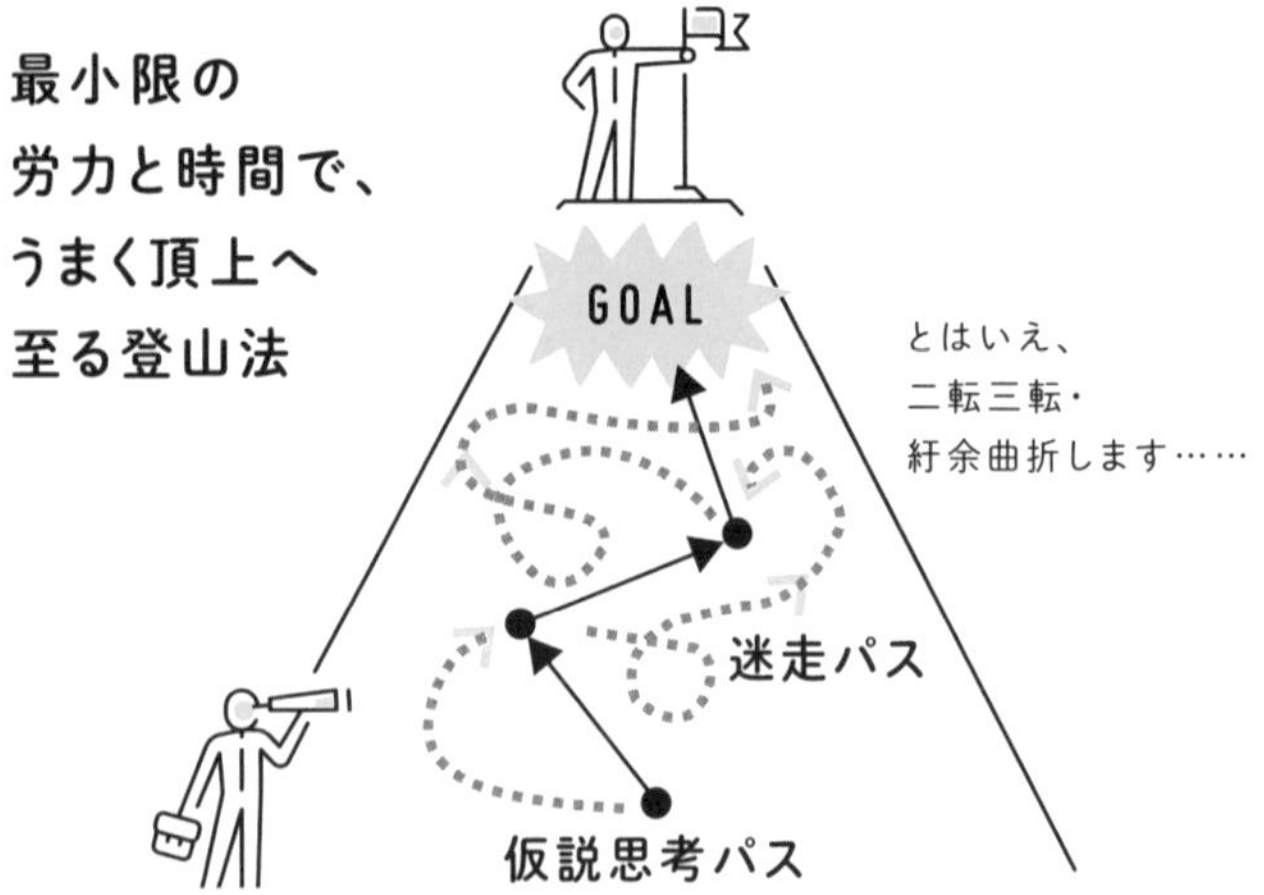
最小限の
労力と時間で、
うまく頂上へ
至る登山法
GOAL
とはいえ、
二転三転・
紆余曲折します……
迷走パス
仮説思考パス

また、結論の方向とは違うだろうと想定する方向へ初期仮説を「わざと」設定することも有効な場面があります。

とにかく、具体的な「疑問」が次々と湧いて、検証ポイントが明らかとなって検証が進めば、仮説設定として大成功です。

仮説思考は、仮説思考サイクルが高速回転しながら効率的に「結論分岐点」に至って判断し、最小限の労力と時間でうまく頂上へ至る登山法です。

とはいえ、結論に向かって直線的に登っていくプロセスではなく、二転三転・紆余曲折・方針変更もあります。

二転三転・紆余曲折・方針変更があるものという前提を理解したうえで、大胆に間違い思考して仮説思考サイクルを高速回転するほうが、結果として効率的でラクなのです。

4-9

仮説思考と分析設計

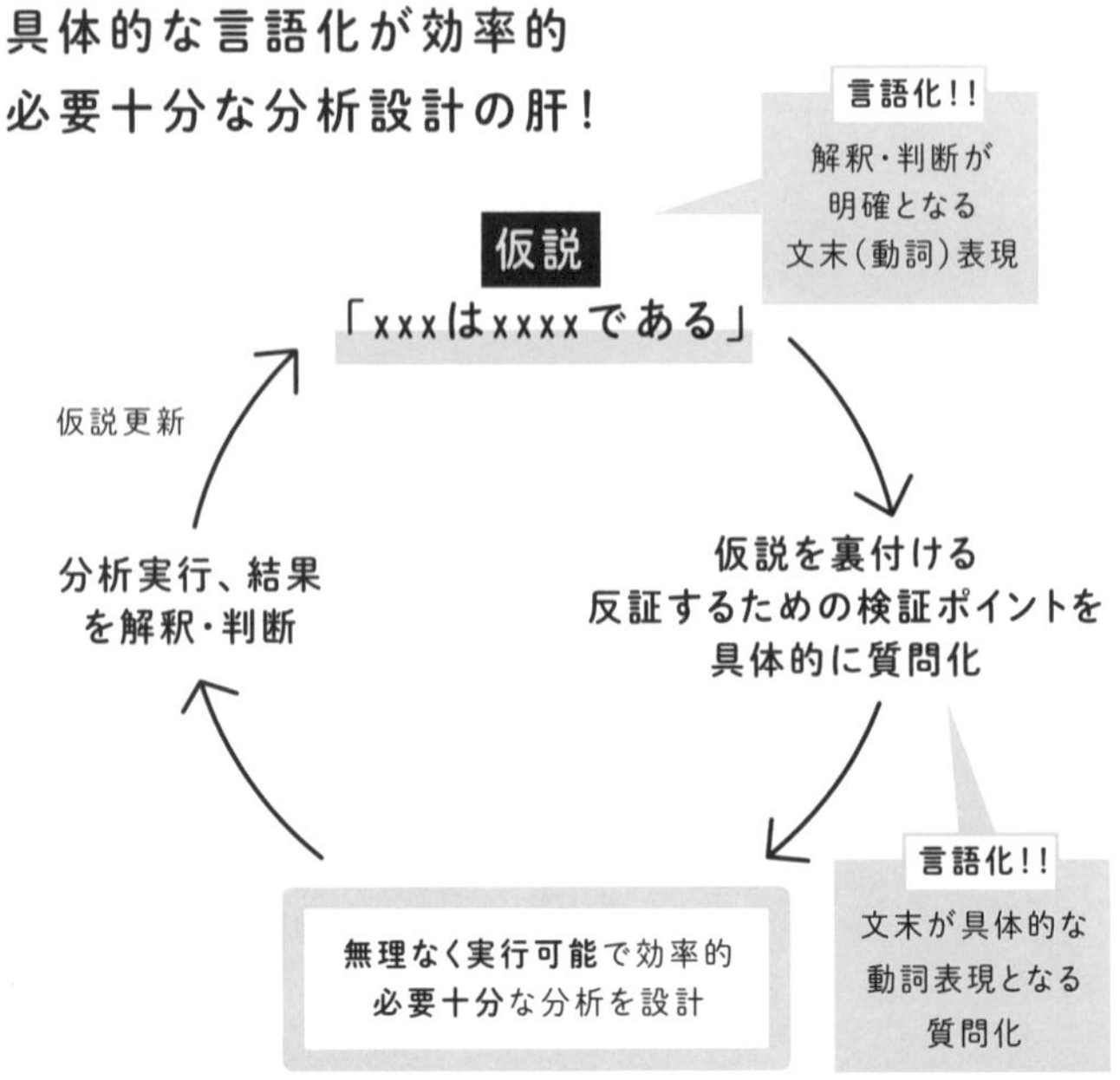

具体的な言語化が効率的
必要十分な分析設計の肝！
言語化!!
解釈・判断が
明確となる
文末（動詞）表現
仮説
「xxxはxxxxである」
仮説更新
仮説を裏付ける
反証するための検証ポイントを
具体的に質問化
分析実行、結果
を解釈・判断
言語化!!
文末が具体的な
動詞表現となる
質問化
無理なく実行可能で効率的
必要十分な分析を設計

仮説のアップデート・書き換えのベースとなるのが「分析結果の解釈・判断」です。仮説検証の拠り所となる十分な分析結果を得るために必要十分な分析設計を組み立てることがとても大事です。

必要十分な分析設計とは、仮説検証の結果として仮説のアップデートが進むために必要にして十分となる分析結果を最小限の手間と労力で得られるよう分析の切り口と手順を組み立てることです。そのためには、検証したいコトについて、具体的な言語化（特に文末表現の具体化）が必要です。

特に、検証したいコト（仮説）は、解釈・判断が明確となる文末（動詞）表現にすることが有効です。例えば、A社事業の検証仮説について、次のような表現です。

a 「エリアXに特化して価格を1割上げても利益は10億円には至らない」

b 「エリアX、Y、Zの3エリアをカバーして、現状価格のまま、最大限のコストダウンを実行しても利益は10億円に至らない」

c 「エリアX、Y、Zの3エリアをカバーして、価格を1割上げて、シェアの下落を3％以内に抑えられれば、利益10億円の可能性があり得る」

このように、具体的な内容で解釈・判断が明確となる文末（動詞）表現とすることによって、分析設計の方針・組み立てがイメージしやすくなります。

この3つの例について具体的に考えてみましょう。

a「エリアXに特化して価格を1割上げても利益は10億円には至らない」を検証する分析の組み立てとして、次のようなシミュレーションを進めて検証します。

① A社のエリアX以外の売上をゼロとする

② 現状のシェア・売上数量のまま、価格を1割値上げする

このシミュレーションの結果として、利益が10億円に至らなければ、aは肯定されました、となります。この分析設計では、価格を1割値上げするとシェアがどの程度になるか、という検討は不要です。

値上げをするとシェアは下がる方向へ変化します。したがって、値上げをしても、あえてそのシェアが下がらないという仮定を置いてシミュレーションした結果は実際

よりも過大です。その過大評価の結果に照らしても利益10億円に至らないのだから、実際の結果も10億円には至らないことが検証された、となります。

この分析設計では、「10億円には至らない」という具体的な文末表現のおかげで、価格を1割値上げするとシェアがどの程度になるのか、という検討を省いて仮説検証できました。

b「エリアX、Y、Zの3エリアをカバーして、現状価格のまま、最大限のコストダウンを実行しても利益は10億円に至らない」についても、同様に次のようなシミュレーションを進めて検証します。

①エリアX、Y、Zにおける、エリア売上数量あたりの、人件費、販促費、店舗賃料、また、エリア従業員数あたりの通信・システム利用料などの、各コスト項目について、コスト効率計数をエリアごとに算出して比較する

②各コスト項目について、コストダウンの最大可能性を、エリアX、Y、Zの3エリアの中で最も効率がよいコスト効率計数を各コスト項目ごとに3エリアすべて共通に当てはめて算出する。例えば、売上あたりの人件費について、エリ

アXが最も効率がよく、そのコスト効率計数がkである場合、エリアX、Y、Zの各売上Sx、Sy、Szについて、コストダウン後のエリアX、Y、Zの人件費Hx、Hy、Hzの想定を、Hx（現状通り）、Hy（エリアXのコスト効率計数kを適用した想定コストダウン人件費）、Hz（エリアXのコスト効率計数kを適用した想定コストダウン人件費）とする

この最大コストダウン可能性の想定値を当てはめて、利益算出シミュレーションをした結果が、利益10億円に至らなければ、仮説bは肯定されました、となります。

ここでは、エリアごとに状況の違いがあって、必ずしも各エリア間比較の最高効率を3エリアのすべてでは実現できないだろう、との想定の下、コストダウンの可能性をあえて過大評価して利益シミュレーションします。

実際に実現可能なコストダウンは、これより小さくなるはずです。したがって、過大なコストダウンを想定しても利益10億円に至らないのであれば、実際でも至らない、ということが肯定されます。

この分析設定でも、実際に実現可能なコストダウンを精緻に見極めるという難しい

検討を省いて、あえて過大なコストダウンを想定しても10億円には至らない、と想定して分析の手間と労力を省きました。これも「10億円に至らない」という具体的な文末表現のおかげです。

c「エリアX、Y、Zの3エリアをカバーして、価格を1割上げて、シェアの下落を3%以内に抑えられれば、利益10億円の可能性があり得る」についても、同様に次のようなシミュレーションを進めて検証します。このcについてのシミュレーション分析の設計は、やや複雑になりますが、実際のビジネスの場面にて大いに参考になるでしょう。やや難しいと感じられた場合には、気にせずに読み飛ばしてください。では、シミュレーションを設計していきましょう。

① エリアX、Y、Zにおける、価格を1割値上げする
② シェアについて3%ダウンとする

この値上げとシェアの想定値を当てはめて、利益算出シミュレーションをした結果、利益10億円には至らなかったとしても、まだ、「利益10億円の可能性があり得る」に

ついて肯定も否定もできません。「可能性」はあるかもしれないし、ないかもしれません。そこで、もう少し可能性を探ります。

③ 現実的なコストダウンの可能性として各エリアにて3％のコストダウンをするを追加して利益シミュレーションします。その結果、利益10億円を超えるなら、cは肯定されました、となります。さらに、追加の想定として、ブレる可能性があるシェアダウンの想定を、

④ シェアについて5％ダウンとする

へ置き換えて、利益シミュレーションすると利益はどうなるのか、例えば、利益シミュレーションが8億円になるとしましょう。この時、さらに、コストダウンの想定を変更して、

⑤　各エリアにて5％のコストダウンをする

へ置き換えて、利益シミュレーションすると利益が10・5億円になりました。

ということは、1割値上げをして、5％のコストダウンが実現できて、シェアダウンが5％以内に収まれば、利益10億円を実現できる、という可能性が検証できたことになります。この時、**値上げとコストダウンはA社の自社努力で達成できること**（Controllable）、**一方、シェアダウンの程度については、実行してみるまでわからないこと**（Uncontrollable）、**です。**

実行してみるまでわからない（Uncontrollable）**の想定については、より保守的**（自社に不利な方向）**に想定を追加してシミュレーションし、目標の実現可能性を検証するのが常套手段です。これは感度分析と呼ばれます。**

このような可能性を探る感度分析までを分析設計に含めることが明確になるのも「利益10億円の可能性があり得る」という具体的な文末表現のおかげです。

4-10

論理性チェック－ディベートの技術

- 目的を議論
  - 目的設定が違う！
- 前提条件、論拠とする材料・サンプル、分析手法を議論
  - 前提、論拠とする材料・サンプル、分析手法が不適確！
- 論理展開の作法を議論
  - 論理展開が破綻！

相手を論理的に論破するゲームとしてディベートがあります。

ディベートでは、2つのチームがそれぞれの立場から相手の主張をアタックして論戦していきます。

そして、論破に成功したチーム（多数の聴衆から賛同を得たチーム）が勝利します。

ディベートにおける戦い方を学ぶと、論理性のチェックポイントが明確に意識できるようになります。

ディベートにおいて、相手を論理的に論破するためのアタックポイントは、

① 目的の違い
② 論拠としている前提条件、材料・サンプル、分析手法の不適格性
③ 論理展開の破綻

の3点です。

この3つのアタックポイントを理解して、論理的にアタック・論破していきます。

通常、③の論理展開の破綻（ロジカルな推論展開の破綻、論理の飛躍）はあまりないので、①の目的の違い、あるいは、②の前提条件、材料・サンプル、分析手法の不適格性をアタックして論破します。

③の論理展開の破綻ばかりをアタックしようとするアプローチでは、ディベートにおいて論破に至らないのが通例です。論理展開の破綻をアタックするアプローチで論破できるのは、言語ルールとしてのロジカル論理展開が未熟で破綻してしまっているケースのみに限られるからです。

①「目的の違い」をアタックする時、そもそもの目的を議論し、目的設定の違い・不適格性をアタックします。この時、最も重要視するステークホルダーの設定が的確か、という視点も有効なアタックポイントの一つです。

例えば、「子どもは、自然豊かな環境で存分に遊びながら育つべきだ」という主張に対して、賛成の立場と反対の立場の双方があり得ます。

賛成の立場からの主張は、例えば、運動量も多く体が育つ、自然からの学び、ヒトと自然との共生、立派な大人になるための大事なことが身に付く、といったことでしょう。

一方、反対の立場からの主張は、例えば、自然豊かな環境で遊んでばかりいては、立派な大人になるための勉強や教育が十分に得られない、教育環境が整っている都市部で子どもは育つべき、といったことでしょう。

それぞれの主張の違いは、「目指す立派な大人」の姿、目的の違いに起因していますす。この時、どちらの姿が「目指す立派な大人」となるべきなのか、という目的設定について論戦します。その結果、「目指す立派な大人」の姿は、右記のいずれかではなく、双方の合わせ技になるかもしれません。

その結果、双方合わせた「目指す立派な大人」に育つ環境について、よりクリエイティブで詳細にイメージが膨らむ議論に展開していくことでしょう。その場合、ディベートの勝敗としては双方負け、あるいは、引き分けとなるでしょう。

②「論拠としている前提条件、材料・サンプル、分析手法の不適格性」をアタックする典型的なポイントは、前提条件の適用性・適用限界、論拠とする材料・サンプル

の適格性、さらに、分析手法の適格性です。サンプルの適格性においては、サンプル誤謬がないか？　がアタックポイントになります。

例えば、「東京都の消費者1000人へのアンケートの結果、最も人気のあるチーズはパルメザンチーズとわかった。したがって、中部地方および関東地方では、パルメザンチーズの市場が成長する」という主張では、論拠とする東京都の消費者を対象としたアンケート結果を中部地方および関東地方全体へ適用してよいのかどうか、その適用可否がアタックポイントです。

東京都の消費者1000人というサンプルが、中部地方および関東地方全体の消費者の特性を代表しているのかどうかについて論戦します。

③「論理展開の破綻」は、論拠とする内容が結論を裏付ける論理的な展開として筋が通っていないケースです。

例えば、先の「東京都の消費者1000人へのアンケートの結果、最も人気のあるチーズはパルメザンチーズとわかった。したがって、中部地方および関東地方では、パルメザンチーズの市場が成長する」という主張では、「最も人気がある」ことは、すでに市場が成熟していても「最も人気がある」となり得るので、「市場が成長する」ことの論拠にはまったくなり得ません。論理展開として破綻しています。

論理性のチェックとして、ディベートにおける3つのアタックポイントを常に意識して確認しましょう。

4-11

インサイト発見術

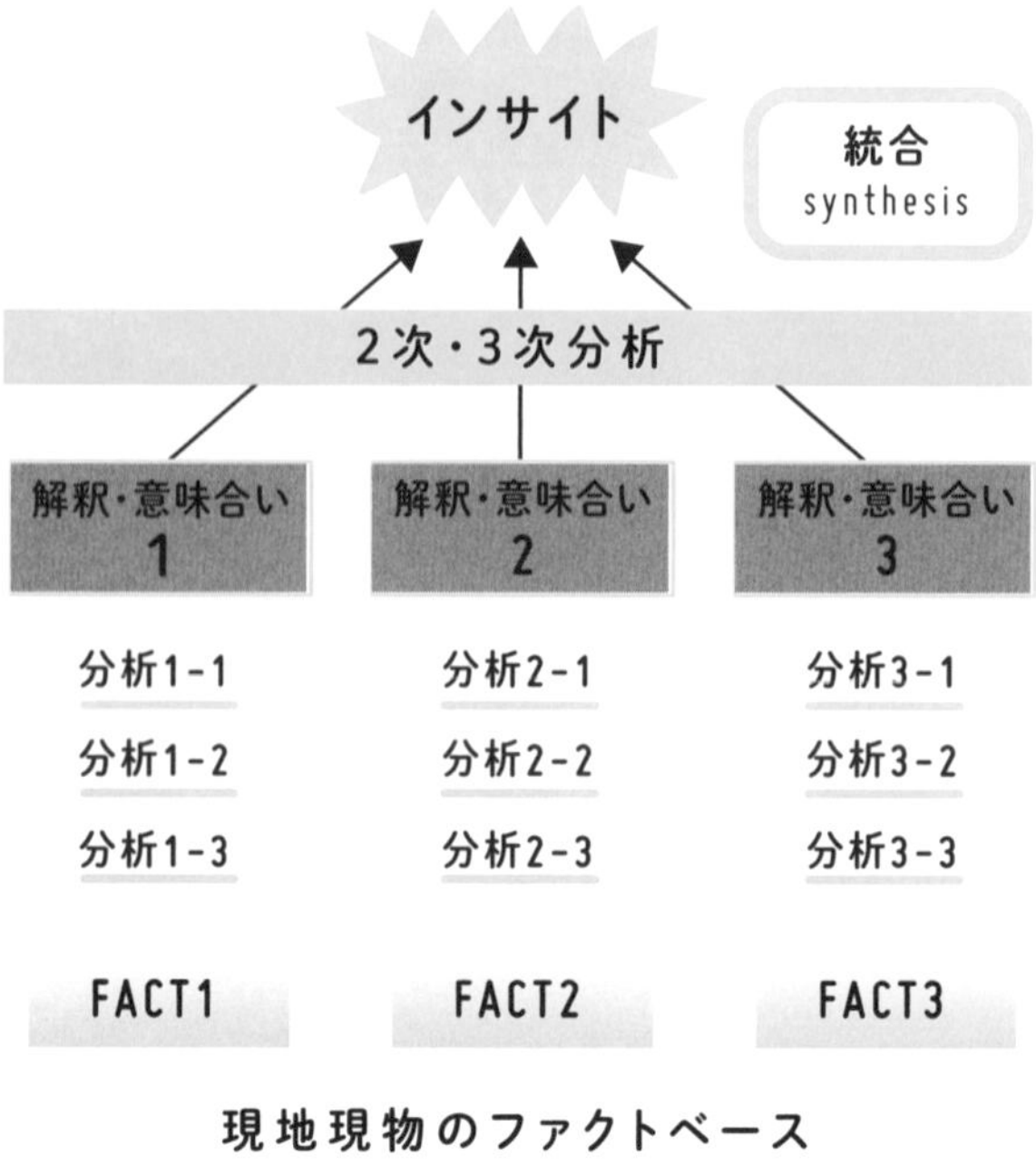

インサイトとは、「未来に向けて役立つ、意義のある核心・解釈」です。

インサイトは、現地現物・ファクトに基づく複数の分析結果からの解釈・意味合いを統合した2次・3次分析の結果であることが通例です。

すなわち、過去に囚われない純粋な未来志向、システム思考・構造化、多面的思考などを駆使して得られる核心・解釈です。


インサイト発見に至るイメージ例として、40代〜50代の世代が生活習慣病にならない予防行動について考えてみましょう。

まず、究明したいのは、「どうしたら、40代〜50代の世代にて生活習慣病にならない予防行動が本格的に実行されるようになるのか?」に答えることです。完璧な答えにまで至らなくとも、一つの答えに至る切り口を突き止めることが目的です。

まず、対象世代における予防行動の実態がどうなっているのかを把握します。

1次ファクトとして、次のような状況です。

■ 1次ファクト：人間ドック、健康診断を実施して、要注意者に対して保健指導する、あるいは、運動奨励イベント・アプリを提供する、といった従来の方法では、対象世代における予防行動がほとんど本格化していない

1次分析として、この1次ファクトの状況となっている原因を究明・分析します。対象世代で、予防行動をしたほうがよいと思っているのに実際に行動できていない人々、さらに、実際に行動できている人々、保健指導をしている保健士、治療をしている医師、運動イベントやアプリを提供している自治体やサービス事業者の方々にインタビューを実施します。

その結果、次のような解釈・意味合いを得たとします。

■1次解釈・意味合い：生活習慣病に対する意識が高い対象世代の人々においてさえ、「人間ドックや健康診断の結果が少し心配でも、今すぐ悪くなるわけでもないので大丈夫」→「仕事や子育て・家庭や自分の趣味に忙殺されている中、発症したわけでもなく切迫していないのに、面倒な予防行動を追加する余裕はない」→「仮に、今後、発症したとしても、その時は、保険治療で負担も少な

く十分な治療が受けられるから大丈夫」↓「人間ドックや健康診断だけは定期的に受けておこう」という悪循環状態になっている

■ このような、悪循環状態になっているので、健康イベントやキャンペーンなどのきっかけで、予防行動を一時的に試したとしても継続はされ難い

そこで、次に、2次分析として、「仕事や子育て・家庭や自分の趣味に忙殺されている」状態でも、仕事や子育て・家庭以外の自分のコトで着実に継続されることは、どんなことなのか?」「どんなコトであれば、この世代の忙しい状況でも継続されるのか?」について探究します。対象世代の方々へ、この切り口でさらにインタビューを進めた結果、2次ファクトとして、その具体的な状況が理解されます。

■ 2次ファクト:忙殺されている対象世代のほぼすべての人について、自分自身のコトで着実に継続していることが少なくとも一つ以上ある。その内容は、スポーツ、習い事、カルチャーなどの趣味や、コミュニティ活動など、多岐にわ

たっている。忙殺されている状態にもかかわらず、そのために時間をやりくりして着実に継続している

そして、その継続しているコトの具体的な内容について、さらに深くインタビューを進めた結果、次のような解釈・意味合いへ至りました。

■2次解釈・意味合い：仕事、子育てや家庭以外の自分のコトで着実に継続しているものは、自分がハマっている趣味やコミュニティの活動。具体的な趣味の例やコミュニティ活動の例を見ていくと、次のような共通点が見出された

i　興味がある、そして楽しいと感じる分野である

ii　共感し合う、切磋琢磨し合う仲間がいる

iii　常に、新しい発見や学びがある。探究すると終わりがないほど、先が遠く深い

iv　継続すると（極めると）有形無形のご褒美がある、喜びを感じる

v 自分自身の学習やスキルアップ、成長を感じる

■ ひるがえって、従来の保健指導からアドバイスされる予防行動や運動奨励イベント・アプリの利用といった行動は、これらi〜vの共通点にほとんど合致しないために継続されないのだろうと考えられる

そして、さらに、3次分析として「対象世代の方々が、忙しい中でも継続したくなる予防行動とはどんなものか？」について探究します。

まず、レアケースであっても、これまで予防行動をやったほうがよいと理解してはいても実際には行動できなかった人が転じて「継続したくなった予防行動」の事例を探索します。その結果、次のような3次ファクトが見出されました。

■ 3次ファクト：2つのケースが見出された。ケースーは、忙殺される中でも、スポーツクラブのスタジオプログラムにハマって週2、3回（1回あたり45〜60分）の運動プログラムを継続するようになった。ケース2は、スイミングのパーソ

ナル指導を受けて、スムーズでストレスのないラクなスイミングができるよう探究したくなり、毎週1、2回のスイミングを継続するようになった

3次分析として、さらに、「なぜ、そのように継続できるようになったのか」を分析していったところ次のような解釈・意味合いへ至りました。

■3次解釈・意味合い：見出された2つにケースについても、2次解釈・意味合いで得られた忙しい中でも時間を割いて着実に継続される5つの共通点が当てはまっている。さらに、自分一人で継続するのではなく、インストラクターといった他者との関わり合いを持って進めていること、3ヶ月ごとの血液検査の結果改善とその維持を定期的に確認できていること、が継続を支えていた。また、このようになったきっかけは、いずれも、たまたまのお試し体験から。スタジオプログラムのケースはたまたま試しに参加して面白いと興味を持ったことがきっかけで、自分好みのインストラクターのセッションを追いかけて楽しむようになった。スイミングのケースでは、スイミングのグループレッスンを

たまたま受けて、パーソナル指導のほうがうまくなれそう、と感じたことがきっかけとなり、実際にパーソナル指導を受けてみたら「蹴伸び姿勢」という基本の大事さと難しさを感じてハマっていった

このように、1次分析、2次分析、3次分析と進めていった結果として、次のような統合インサイトに至ります。

■40代～50代の世代が生活習慣病にならない予防行動を継続するに至る解の切り口として、例えば、次のようなインサイトです。

「保健指導や一律の予防行動を押し付けてもまったく継続には至らない。忙殺される中でも自分のコトとして継続したくなる5つの共通要件（2次解釈・意味合いで得られたⅰ～ⅴの共通点）を満たす予防行動をとる趣味やコミュニティ活動に出会う機会を増やし、定期的（3～6ヶ月ごとなど）な血液検査と組み合わせる」

インサイトは、2次、3次分析の結果を統合して得られるもの、というイメージが

伝わったでしょうか。

もちろんですが、**実際には、3次分析では道途上で、4次、5次、さらには、6次、7次まで進めていくことも多々あり得ます。**このような優れたインサイトへ至るために、また、優れたインサイトをうまく発見するために、「地頭力」が発揮されます。

この「地頭力」がロジカルシンキングをどんどん拡げて深めていく基礎力です。

インサイトを発見し続けるための「地頭力」として、ロジカルシンキングの基本として挙げた項目と重なる部分が少なくありませんが、次の7つが重要です。

① 目的志向、アウトプット志向
② 裏を読む・かく、疑ってしたたかに進む、天邪鬼志向
③ 純粋未来志向
④ 多面的思考
⑤ システム思考・構造化
⑥ 右脳（直観力）と左脳（構築・説明力）の統合思考
⑦ 無知の知、知的好奇心

「インサイト」を発見し続けている「地頭力」

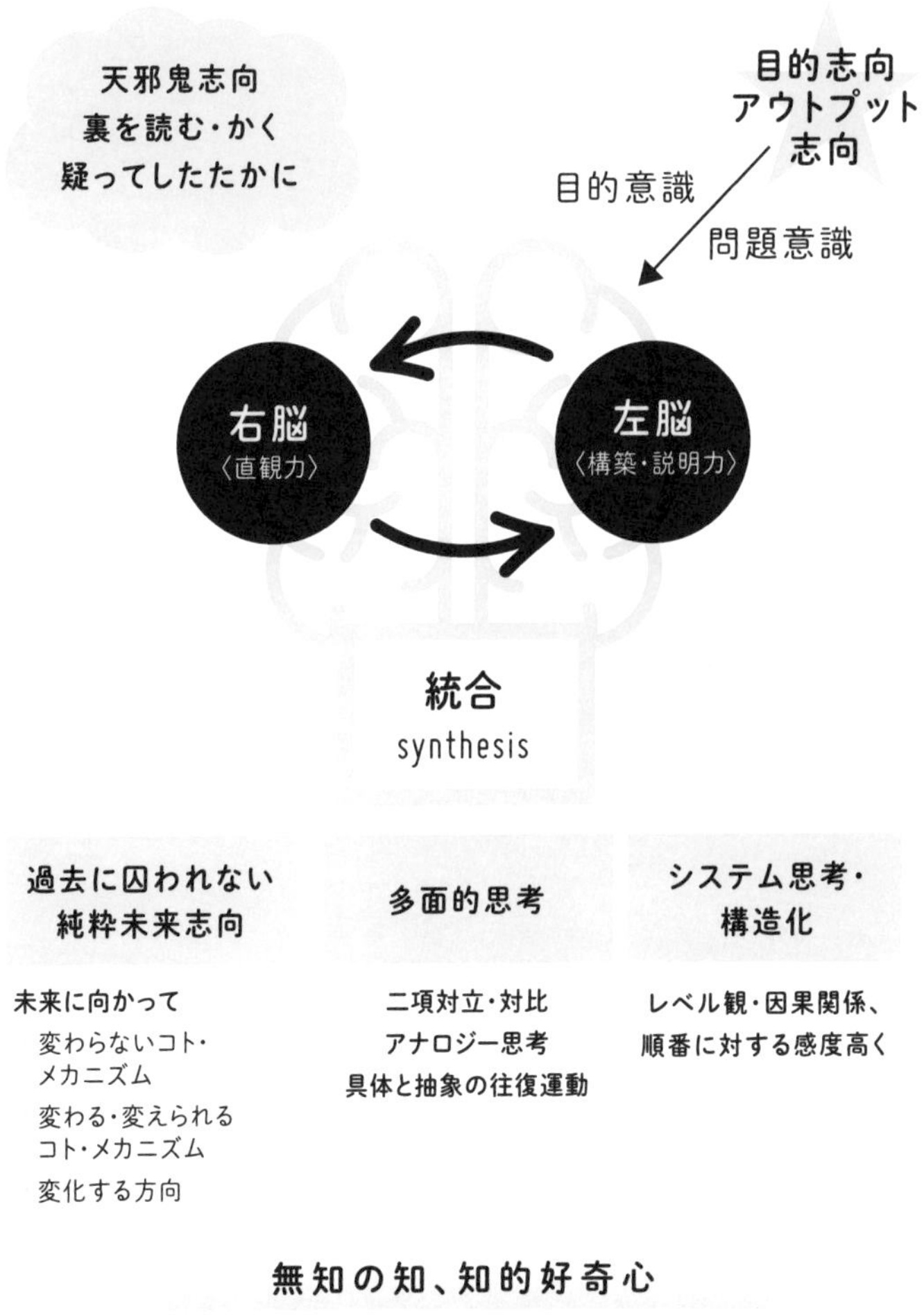
天邪鬼志向
裏を読む・かく
疑ってしたたかに
目的志向
アウトプット
志向
目的意識
問題意識
右脳
〈直観力〉
左脳
〈構築・説明力〉
統合
synthesis
過去に囚われない
純粋未来志向
多面的思考
システム思考・
構造化
未来に向かって
変わらないコト・
メカニズム
変わる・変えられる
コト・メカニズム
変化する方向
二項対立・対比
アナロジー思考
具体と抽象の往復運動
レベル観・因果関係、
順番に対する感度高く
無知の知、知的好奇心

この「地頭力」も後天的に身に付けて磨いていくものです。⑦無知の知、知的好奇心と②裏を読む・かく、疑ってしたたかに進む、天邪鬼志向を持って、①目的志向、アウトプット志向を意識していくことから始めていくとよいでしょう。

第5章

ピラミッドストラクチャーをシンプルに理解する

ピラミッドストラクチャーについて、可能な限りシンプルに理解しやすく整理します。ピラミッドストラクチャーとは、論理的にストーリー展開を組み立てる「型」です。そして、ピラミッドストラクチャーの型は、論理的な思考法の型として、思考を進めて組み立てていく「思考の標準形」です。

本章では、まず、ピラミッドストラクチャーの「型」を理解し、2つのストーリー展開のパターン、メッセージ、言葉使い・言語化のルール、最後に実践のコツ、と進めていきます。

ピラミッドストラクチャーをしっかり理解して使いこなしていくのは難しいと感じられている方々も少なくないでしょう。じつは、そんなことはありません。

ピラミッドストラクチャーで学ぶべきポイントはシンプルで、誰でも効率的に身につけることができます。

5-1

ピラミッドストラクチャーの「型」

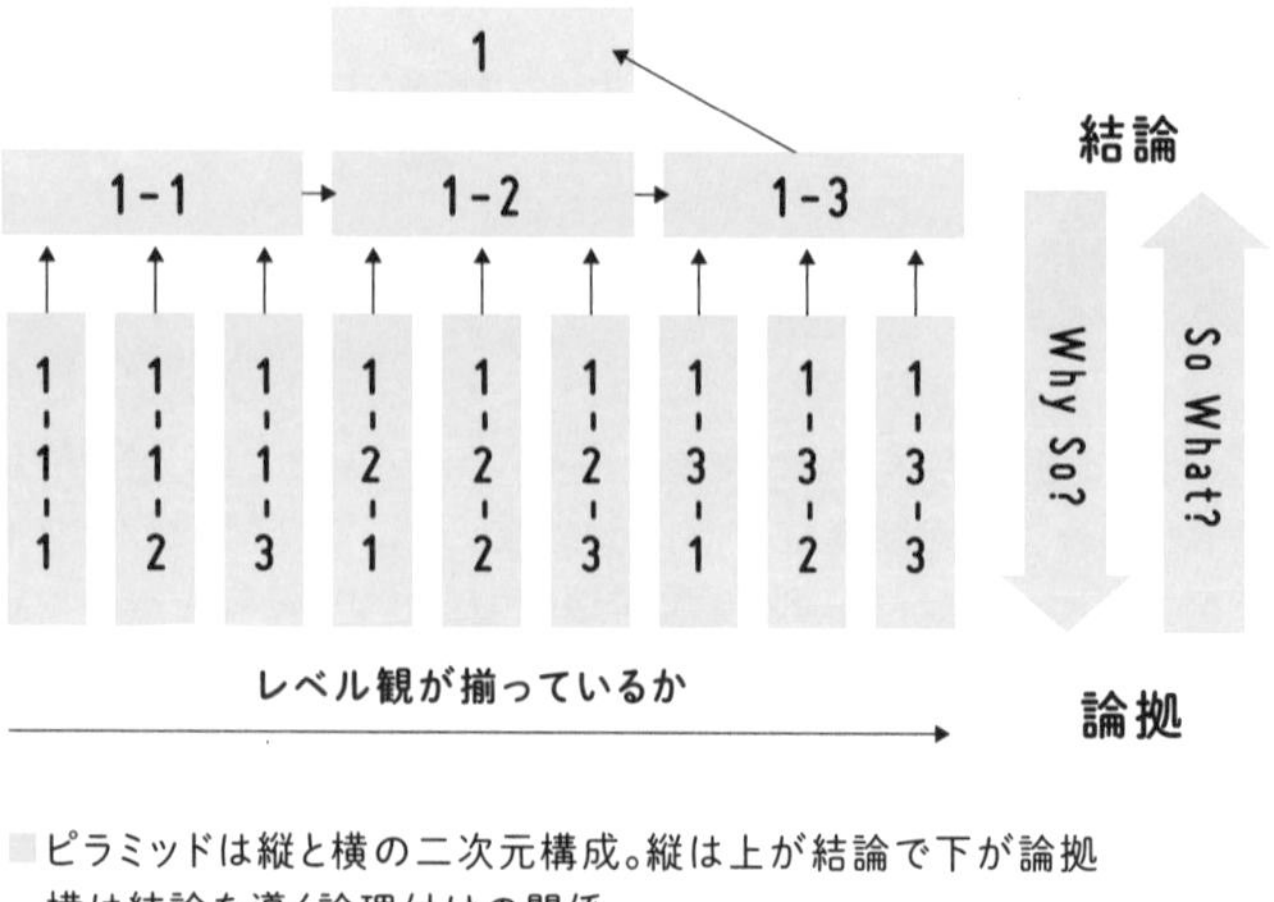

- ピラミッドは縦と横の二次元構成。縦は上が結論で下が論拠
  横は結論を導く論理付けの関係
  （上）結論←（下）3～5根拠・論拠
- ボックスを設定してメッセージをパズルのように各ボックスへ組み込む
  （ロジカルに展開するように組み立てる頭の使い方）

ピラミッドストラクチャーの「型」テキストフォーマット

1.XXX
　1-1.XXX
　　1-1-1.XXX
　　1-1-2.XXX
　　1-1-3.XXX

　1-2.XXX
　　1-2-1.XXX
　　1-2-2.XXX
　　1-2-3.XXX

　1-3.XXX
　　1-3-1.XXX
　　1-3-2.XXX
　　1-3-3.XXX

ピラミッドストラクチャーには、基本となる「型」があります。

まず、この「型」を意識することから始めましょう。

基本型は、Governing Thought（伝えたい最も簡潔でシンプルな統合メッセージ。本書では以降、この最上位にあるシンプルな統合メッセージをGoverning Thought と記します）へ至る三段構成です。

下位の段（レベル）に向かって3つのパラグラフへ展開されていく三段構成です。二段目が3パラグラフ、三段目が9パラグラフになります。

そして、トップがこの文章で伝えたい「メッセージ」を最も短く統合して表す

Governing Thought、二段目はGoverning Thoughtの根拠を説明するストーリー展開、さらに、三段目は二段目の各パラグラフの根拠を説明するストーリー展開となります。

図表で表現するとピラミッドの形態に見えます。

ピラミッドストラクチャーは、論理展開の構造パターンですので、通常の文章の目次表現へそのまま展開されます。

具体的には、第1章、第2章、第3章が、それぞれ、1-1、1-2、1-3に相当し、各章のサブセクション、例えば、1-1-1、1-1-2、1-1-3が、第1章1-1の論拠となります。

トップのGoverning Thought 1は、通常の文章では、エグゼクティブサマリーの第1文になります。まず、この構成が基本型です。

実践では、二段目、三段目のパラグラフ数が3つではないケースもあり得ますが、その数は、3~5パラグラフとなるのが基本です。

ピラミッドストラクチャーの「型」では、上から下に向かって、「なぜ、そうなの?

（Why so?）」、下から上に向かって「だからどうなの？（So what?）」と論理的に問いかけ
る・答える構造となっています。

5-2

2つのストーリー展開

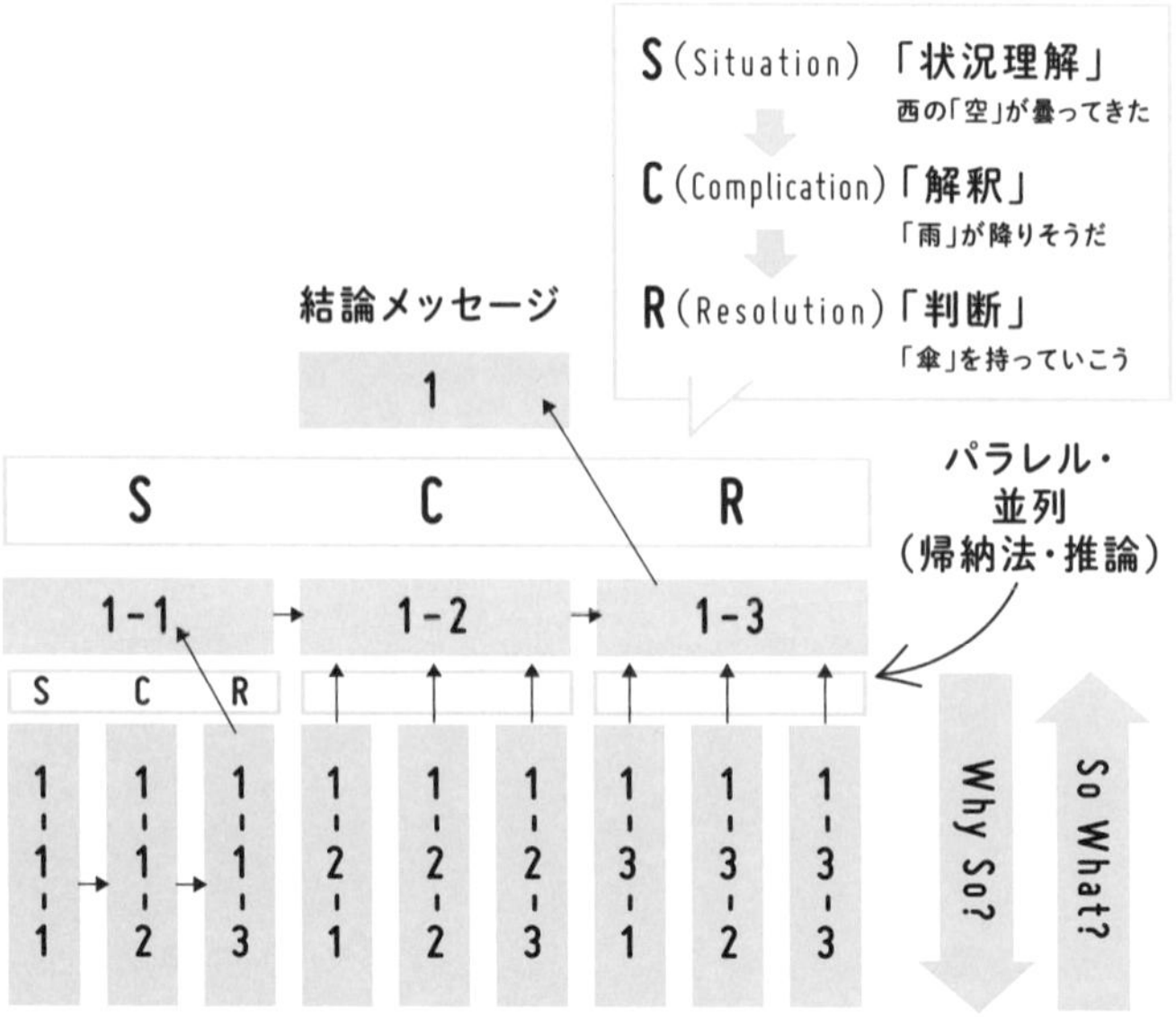
S（Situation）「状況理解」
西の「空」が曇ってきた
C（Complication）「解釈」
「雨」が降りそうだ
R（Resolution）「判断」
「傘」を持っていこう
結論メッセージ
1
S C R
パラレル・並列（帰納法・推論）
1-1 1-2 1-3
S C R
1-1-1 1-1-2 1-1-3 1-2-1 1-2-2 1-2-3 1-3-1 1-3-2 1-3-3
Why So?
So What?

二段目、三段目におけるストーリー展開においては、2つのストーリー展開のパターンがあります。一つがSCR、もう一つがパラレル（並列）です。

SCRパターンは、S（Situation）「状況理解」→C（Complication）「解釈」→R（Resolution）「判断」と展開します。

パラレル（並列）パターンは、3つの事象が並列に列挙されて、直上のパラグラフの根拠となる展開です。十分条件を満たす説明、あるいは、帰納法的な推論になるのが通例です。

SCRパターンの典型例が、よく引用される「空」「雨」「傘」のストーリー展開です。S（Situation）「状況理解：西の『空』が曇ってきた」→C（Complication）「解釈：『雨』が降りそうだ」→R（Resolution）「判断：『傘』を持っていこう」という展開です。

パラレル（並列）パターンの典型例としては、「1－1 XXXという顧客ニーズが確実に存在」、「1－2 その顧客ニーズを満たす商品は不在」「1－3 当社はその顧客ニーズを満たす商品を顧客が購買できる価格帯で提供可能」という3つの根拠を十分条件として、「1 当社がXXXという顧客ニーズを満たす商品を発売すれば確実に売れる」という直上のパラグラフの根拠となるというストーリー展開です。

パラレル（並列）パターンの帰納法的な推論の例としては、「1－1 英語と日本語のバイリンガルであるAさんは、英語で会話している時と、日本語で会話している時とで性格や思考のモードが変わる」「1－2 英語と日本語のバイリンガルであるBさんも、英語で会話している時と、日本語で会話している時とで性格や思考のモードが変わる」「1－3 英語と日本語のバイリンガルであるCさんも、英語で会話している時と、日本語で会話している時とで性格や思考のモードが変わる」「1（したがって）ヒトは、英語で会話する時と、日本語で会話する時では性格や思考のモードが変わる」という推論です。

この2つのストーリー展開のパターンをしっかりと習熟してください。

5-3

メッセージ＝伝えたいコト・大事なコト

- ✓ キーワードを定めて
- ✓ 簡潔な短文で
- ✓ 具体的に・明確に
（文末は動詞表現、数字、名詞・形容詞を具体的に）
- ✓ 読み手・聞き手の記憶に残るように
（わかりやすく、キーワードをはっきりと）

一つのパラグラフには、明確な一つのメッセージが入ります。

ピラミッドストラクチャーとは、明確な一つのメッセージを語る一つのパラグラフがブロックとなって、このブロックを論理的に組み立てるストラクチャーの「型」です。

メッセージとは、伝えたいコト・大事なコトを、キーワードを決めて短文で的確な文末表現で表現したものです。大事なことは、次の4つです。

■ キーワードを定めて
■ 簡潔な短文で
■ 具体的・明確に（文末は動詞表現、数字・名詞、形容詞を具体的に）
■ 読み手・聞き手の記憶に残るように（わかりやすく、キーワードをはっきりと）

メッセージの具体的な表現例を挙げてみましょう。

「昨年以来2年連続の売上減少は、顧客の嗜好変化の兆しを見過ごしたために、後追いの悪循環に陥ったことが原因である」
「近年、顧客の購買嗜好は、商品そのものの機能の差よりも、使っている姿のカッコよさ、面白い使い方をSNSで共有して盛り上がる商品を好む方向へ変化している」
「競合X社の商品Nは、当社製品より機能が劣る部分があるにもかかわらず、2割ほど高額でも売上・シェアを伸ばしているので、来年にはトップ逆転もあり得る」
「SNSでバズった競合X社の商品Nには、毎日、数多くの顧客コメントが寄せられるので、競合X社は、そのコメントをヒントに次々と売れる派生商品を出している」
「当社も、競合X社の商品Nに対抗する新商品を発売したものの、ただの後追いで顧客の注目を得られていない」

このように、簡潔、具体的、明確に一つの言いたいコト、伝えたいコトを1文に書き留めたものがメッセージです。そして、ピラミッドストラクチャーを構成するブロックとなるパラグラフは、この一つのメッセージごとに一つのパラグラフが書き下されます。

5-4

言葉使い・言語化のルール

- 「1パラグラフ　1メッセージ」で書く
- 統合表現するも具体的・限定表現とする（一般化禁止）
- メッセージは、簡潔な1文で表現する
- 名詞・体言止め禁止、文末を明確な動詞で書く
- “曖昧接続詞”禁止、ロジカル接続詞を使う

禁じ手曖昧接続詞例：「～し、」「～であり、」「～して、」「～だが、」「～せず、」
接続の意味が明確なロジカル接続詞例：「～してから、」「～する前に、」「～である一方、」「～の結果、」「～であるにもかかわらず、」

パラグラフとは、ピラミッドストラクチャーを構成するそれぞれのブロックの単位です。このブロックをどのように構成するかが、ピラミッドストラクチャーの構成、ストーリー展開を左右します。

ブロック単位となるパラグラフの言葉使い・言語化のルールとして次の5つを意識しましょう。

①1パラグラフ 1メッセージで書く
②メッセージは、統合表現としても具体的・限定表現とする（曖昧となる一般化禁止）
③メッセージは簡潔な1文とする
④名詞・体言止め禁止、文末を明確な動詞で書く
⑤曖昧接続詞は禁止、ロジカル接続詞を使う

①「1パラグラフ　1メッセージ」で書く

ピラミッドストラクチャーを構成するブロックとなる各パラグラフの主張（メッセー

ジ＝伝えたいコト・大事なコト）が明確に際立つよう、そして、濁ることがないように、メッセージをシンプルに一つに限ります。

②メッセージは、統合表現としても具体的・限定表現とする（曖昧となる一般化禁止）

上位のパラグラフのメッセージは、下位のパラグラフのメッセージを根拠として統合する、あるいは、統合した結果の結論として表現されます。

統合表現となるメッセージについても、伝えたいコト・大事なコトが明確に伝わるよう、簡潔、具体的に表現します。例えば、「当社が売上を伸ばすためには、ＳＮＳ上でバズって顧客からのコメントが多数寄せられる新商品が必要である」という統合表現は、具体的な限定表現となっています。

一方、「当社が売上を伸ばすためには、新商品が必要である」という統合表現では、一般化されすぎです。新商品と表現されるだけでは曖昧で、本当に売上を伸ばすことができるのか疑問すら残ってしまいます。前者のように新商品の内容を限定や特定する具体的な説明が必須です。

③メッセージは簡潔な1文とする

メッセージとは、伝えたいコト・大事なコトを、キーワードを決めて短文で的確な文末表現で表現したものです。常に、1文で書くことを意識しましょう。

④名詞・体言止めの禁止、文末を明確な動詞で書く

メッセージは、伝えたいコト・大事なコトを主張するものです。その解釈、判断、主張を明確に伝えるために、文末表現は明確な動詞（形容詞で明確に表現することもあります）で書きます。例えば、「XXXが重要である」「XXXはよい」「XXXは悪い」「XXXを実行する」などです。

⑤曖昧接続詞は禁止、ロジカル接続詞を使う

禁じ手となる曖昧接続詞の例と接続の意味が明確なロジカル接続詞の例は次のとお

りです。

■ 禁じ手曖昧接続詞の例：「〜し、」「〜であり、」「〜して、」「〜だが、」「〜せず、」

■ 接続の意味が明確なロジカル接続詞の例：「〜してから、」「〜する前に、」「〜と同時に、」「〜である一方、」「〜の結果、」「〜であるにもかかわらず、」

これら5つの言葉使い・言語化のルールが身に付くと、思考の曖昧さに気づく感度が上がって、これを解消する思考が進みます。そもそも脳内の思考、特に左脳的な思考は言語を操って展開されているので、言葉使い・言語化のルールに長けると思考法のレベルアップにつながります。

5-5

ピラミッドストラクチャーで文章を組み立てる－実践のコツ

❶ 二段目のストーリー展開、
1-1、1-2、1-3のメッセージの展開を組み立てる
⇒この第2階層のストーリー展開をどううまく組み立てるかが“肝”!!
1-1、1-2、1-3の組み立て方は複数の
バリエーションがあり得る
その中から目的達成に最も適したパターンを選択する

⓿ 第一段目を仮置きする

❸ 最後に第一段目
(Governing Thought)を書き上げる

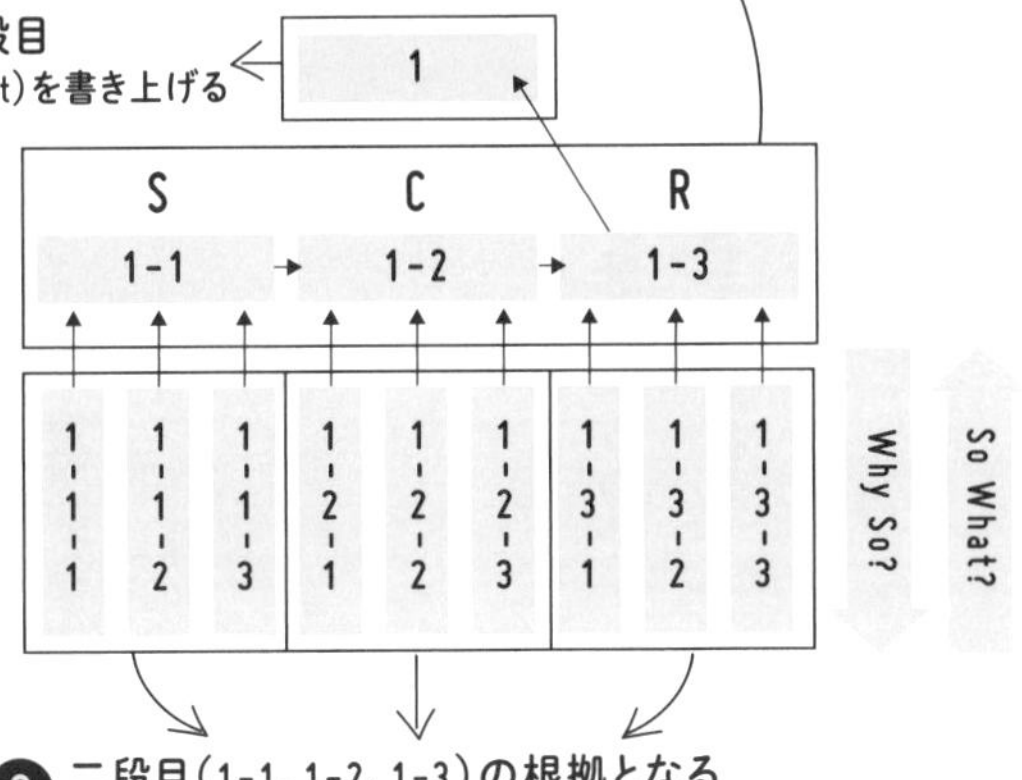

❷ 二段目(1-1、1-2、1-3)の根拠となる
三段目を組み立てる
⇒三段目を組み立てた後、
二段目の表現に必要な磨きをかける

文章で、聞き手に対する目的を達成する、すなわち、企図する具体的な理解の共有、納得、合意、承認、協力、サポートなどを達成できるよう、ピラミッドストラクチャーを活用します。そのためには、

- 聞き手が理解しやすい、聞き手が理解、納得していく展開を想定する
- その展開の想定に沿って、ピラミッドストラクチャー二段目のストーリー展開を設計する

ということがポイントです。

この二段目のストーリー展開をどう組み立てるかが肝になるので、ピラミッドストラクチャーで文章を組み立てていく手順として、Governing Thoughtを一旦、仮置きしたうえで、この二段目のストーリー展開の設計から着手します。

具体的に、「昨年以来2年連続で売上が減少している会社のケース」を例として解説していきましょう。

まず、伝えたいことの一段目となるGoverning Thoughtを仮置きします。

■ I：「当社が売上増加へ転じていくためには、新機軸の新商品が必要である」

この表現では、どんな新商品が必要なのかが曖昧で、メッセージ表現としては不十分ですが、一旦仮置きします。そして、まず肝となる二段目のストーリー展開を組み立てます。SCRパターンのストーリー展開として、

■ I-1 現状理解：「SNSでバズった競合X社の商品Nには、毎日、数多くの顧客コメントが寄せられて、そのコメントをヒントに、競合X社は次々と売れる派生商品を出して急速に売上・シェアを伸ばしつつあり、来年にはトップ奪取もあり得る」

■ I-2 その原因：「当社における昨年以来2年連続の売上減少は、顧客の嗜好変化の兆しを見過ごしたために、後追いの悪循環に陥ったことが原因である」

■ I-3 打開策：「この悪循環を脱して、再び売上・シェア拡大を達成するため

ピラミッドストラクチャーパターン1

仮置き

当社が売上増加へ転じていくためには、新機軸の新商品が必要である。

1-1 現状理解

SNSでバズった競合X社の商品Nには、毎日、数多くの顧客コメントが寄せられて、そのコメントをヒントに、競合X社は次々と売れる派生商品を出して急速に売上げ・シェアを伸ばしつつあり、来年にはトップ奪取もあり得る。

1-2 その原因

当社における昨年以来2年連続の売上減少は、顧客の嗜好変化の兆しを見過ごしたために、後追いの悪循環に陥ったことが原因である。

1-3 打開策

この悪循環を脱して、再び売上げ・シェア拡大を達成するためには、商品Nとは異なるSNSでバズる新しい商品開発を、これまでとはまったく別の方法で開発するチームを組成して進めることが必須である。

には、商品Nとは異なるSNSでバズる新しい商品開発を、これまでとはまったく別の方法で開発するチームを組成して進めることが必須である」

と組み立てました。

このように組み立てた結果を見ると、説得力があり、理解されやすい展開になっているると感じられると思います。

とはいえ、**このような説得力があって理解されやすい二段目の組み立てに至る過程では、複数のパターンを案出して試行錯誤しています。**

不採用となった二段目のストーリー展開の別案の一つとして、次のようなストーリー展開が考えられました。

- Ⅰ-Ⅰ 現状理解：「当社は、2年連続で売上・シェア減少が続いている」
- Ⅰ-2 その原因：「顧客が、商品そのものの機能の差よりも、使っている姿のカッコよさ、面白い使い方をSNSで共有して盛り上がる商品を好むよう購買嗜好が変化したことが原因である」

■ ピラミッドストラクチャーパターン2

仮置き
当社が売上増加へ転じていくためには、
新機軸の新商品が必要である。
1-1 現状理解
当社は、2年連続で売上・シェア減少が続いている。
1-2 その原因
顧客が、商品そのものの機能の差よりも、使っている姿のカッコよさ、面白い使い方をSNSで共有して盛り上がる商品を好むよう購買嗜好が変化したことが原因である。
1-3 打開策
SNSでバズる商品を新たに開発する。
競合X社の商品NがSNSでバズって売れている

■ I-3 打開策：「SNSでバズる商品を新たに開発する」

このストーリー展開では、競合X社の内容が二段目の展開にうまく盛り込まれません。一方、三段目のパラグラフにて、1-2の根拠となる1-2-1として、競合X社について「競合X社の商品Nは、使っている姿のカッコよさや面白い使い方が顧客に受けて、SNSでバズって売れている」と盛り込むことは可能です。

とはいえ、

■ I-1 現状理解：「競合X社が来年トップ奪取もあり得る」
■ I-2 その原因：「当社が顧客の嗜好変化の兆しを見過ごしたために、後追いの悪循環に陥ったことが原因」
■ I-3 打開策：「商品Nとは異なるSNSでバズる新しい商品開発を、これまでとはまったく別の方法で開発するチームを組成して進める」

と二段目を組み立てたほうが明らかに説得力があります。

次に、この採用された二段目の各パラグラフ・メッセージの論拠となるよう三段目のストーリー展開を組み立てていきます。この時、三段目として具体的に組み立てられた論拠ストーリーを反映して、二段目の各パラグラフのメッセージがさらに洗練・アップデートされ得ます。

そして、**最後の仕上げとして、定まった二段目のストーリー展開にしたがって、Governing Thoughtをアップデートします。**この手順がピラミッドストラクチャーで文章を組み立てていく実践のコツです。

伝えたいコトのトップとなるGoverning Thoughtは、聞き手に対する目的が達成されるよう明確に表現されたメッセージとして書き下されるべきものです。

じつは、このGoverning Thoughtは、最初からパチっと決まるものではありません。一旦、仮置きをして、二段目のストーリー展開が定まってから書き上げます。

Governing Thoughtをアップデートして完成

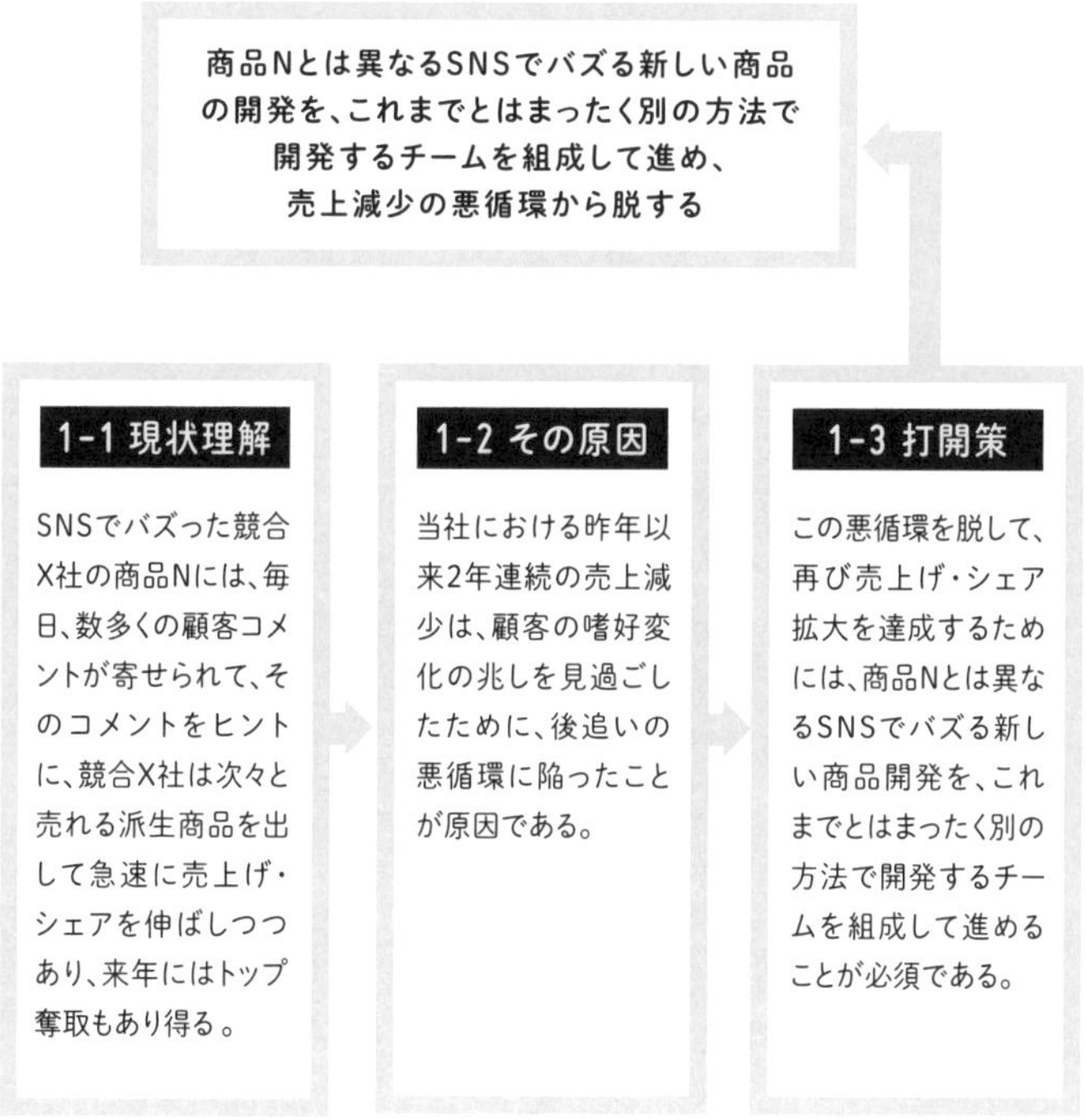
商品Nとは異なるSNSでバズる新しい商品の開発を、これまでとはまったく別の方法で開発するチームを組成して進め、売上減少の悪循環から脱する
1-1 現状理解
SNSでバズった競合X社の商品Nには、毎日、数多くの顧客コメントが寄せられて、そのコメントをヒントに、競合X社は次々と売れる派生商品を出して急速に売上げ・シェアを伸ばしつつあり、来年にはトップ奪取もあり得る。
1-2 その原因
当社における昨年以来2年連続の売上減少は、顧客の嗜好変化の兆しを見過ごしたために、後追いの悪循環に陥ったことが原因である。
1-3 打開策
この悪循環を脱して、再び売上げ・シェア拡大を達成するためには、商品Nとは異なるSNSでバズる新しい商品開発を、これまでとはまったく別の方法で開発するチームを組成して進めることが必須である。

その結果、仮置きされたGoverning Thought 1も次のようにアップデートされました。

■ Ⅰ：「商品Nとは異なるSNSでバズる新しい商品の開発を、これまでとはまったく別の方法で開発するチームを組成して進め、売上減少の悪循環から脱する」

このような手順でピラミッドストラクチャーを実践していきます。**特に、ポイントとなるのが、肝となる二段目のストーリー展開の組み立てでは、複数のパターンを案出して比較検討しながら、目的達成に向けて最も説得力があって理解されやすいストーリー展開の最終案へ至るプロセスです。**しっかりと熟考しながらこのプロセスを進めましょう。

第6章

ビジネス・日常のシーンで

「ロジカルシンキング」は、ビジネスシーンのみならず、日常のシーンでも私たちの仕事や生活をラクにします。

本章では、議論する場面、合意を得る・影響力を発揮する場面、問題解決する場面、雑談する場面について具体的に「ロジカルシンキング」の活用法を解説します。

6-1

「取捨選択・優先順位付けする議論」の型

ⅰ 目的を共有・確認する

ⅱ 判断基準を合意する

ⅲ 制約条件を共有・確認する

ⅳ 具体的な選択肢を提示して比較議論する

ⅴ 制約条件を緩める・変える工夫・やりくりをする

ⅵ 結論を合意する

ビジネスシーンで、日常のシーンで、さまざまな議論の場面があります。議論では、2つ、3つあるいはそれ以上の複数の選択肢や、意見・考え方が共有されて、そのうちどれを選択するか、あるいは、優先順位をどのように付けるか、という議論が典型的です。

具体的にどのように「ロジカルシンキング」が活用されるのか考えてみましょう。複数の選択肢や、意見・考え方について取捨選択・優先順位付けをする議論では、次のように展開します。

i 目的を共有・確認する
ii 判断基準を合意する
iii 制約条件を共有・確認する
iv 具体的な選択肢を提示して比較議論する
v 制約条件を緩める・変える工夫・やりくりをする
vi 結論を合意する

まず、この展開の流れ・フレームが論理的に判断を進めていく「ロジカルシンキング」の「型」です。

目的を達成するために、制約条件の範囲内で、判断基準にしたがって、取捨選択・優先順位付けを議論し、合意に至ります。合意に至る議論の道筋で、制約条件の見直し、制約条件を緩める工夫が発揮されて、制約条件が書き換えられることが多々あります。

この制約条件を書き換えていく工夫が、関係者間でウィン・ウィンの合意に至る大事な議論のポイントになります。

具体的に、新事業候補選択のケースについて考えてみましょう。

A　新事業候補を選択するケース

当社は、衣料品用化学繊維のメーカー。収益の拡大・安定化を目指して、新しい機能性化学繊維の用途先・販売先の候補を議論しています。

その用途先・販売先の候補として次の2つの選択肢があります。

①選択肢A-1：高齢者をターゲットとした機能性衣料向け
②選択肢A-2：介護・医療用の用品・資材（洗濯が容易となるリネン、除菌・抗菌性に優れた布・シート材、調湿性のある布・シート材など）向け

目的α

■短期的に収益性の高い新しい用途向けの新事業を立ち上げる

判断基準

■「実現性」：3年後までに確実に実現する
■「タイムライン&収益性」：3年目に営業利益5億円以上を達成する
■「新規性」：現有する技術を活用して応用する。まったくの新規技術は追わない
■「将来性」：ターゲット市場が今後の10年にわたって成長し続ける

制約条件

■リソース制約として、「現有の自社内リソースの範囲内」でやりくりする
■「累損は10億円まで」

選択肢について比較議論

このような、目的α、判断基準、制約条件の下では、「選択肢Ａ－１：高齢者をターゲットとした機能性衣料向け」を選択する判断となります。

その根拠は、判断基準に照らすと、

■「実現性」では、選択肢Ａ－Ⅰ＞選択肢Ａ－２
■「タイムライン＆収益性」では、選択肢Ａ－Ⅰ＞選択肢Ａ－２

■「新規性」では、選択肢A－1＞選択肢A－2
■「将来性」では、選択肢A－1＝選択肢A－2

制約条件に照らすと、

■「現有の自社内リソースの範囲内」では、選択肢A－1は可能、選択肢A－2は困難
■「累損は10億円まで」では、選択肢A－1は可能、選択肢A－2は困難

となるからです。

一方、目的が変わると、判断基準、制約条件も変わって判断の結果が変わります。同じ会社の設定、同じ選択肢A－1、A－2に対して、目的βとしてみましょう。

目的β

■中長期的に衣料品分野以外の事業の柱を創る

判断基準

■「実現性」：5年から10年の計で新しい事業の柱を一つ実現する。短期的な実現性は問わない

■「タイムライン&収益性」：5年から10年の計で新しい事業の柱（営業利益50億円以上）を一つ実現する

■「新規性」：原則、現有する技術を応用することによって新分野の用途をターゲットとする。ターゲット用途は、まったく新しい用途であっても、既存の用途における既存品の置き換えでもよい。開発中の新技術の利用は、3年以内に実用化可能なものまでに限る

■「将来性」：ターゲット市場が今後の10年以上にわたって成長し続ける

制約条件

■事業分野として、「衣料品分野以外の成長市場をターゲット市場」とする
■リソース制約として、「他者とのアライアンス、コラボ、M&A」も活用スコープに含める
■「累損は50億円まで」
■最初の2年間は「有意義な探索活動」となるよう、複数の用途候補を並行して探索する

選択肢について比較議論

このような、目的β、判断基準、制約条件の下では、「選択肢A－2：介護・医療用の用品・資材（洗濯が容易となるリネン、除菌・抗菌性に優れた布・シート材、調湿性のある布・

シート材など）向け」を選択する判断となります。

その根拠は、判断基準に照らすと、

■「実現性」では、選択肢A－Ⅰ、選択肢A－２どちらとも言えず
■「タイムライン＆収益性」では、選択肢A－Ⅰ＜選択肢A－２
■「新規性」では、選択肢A－Ⅰ＝選択肢A－２
■「将来性」では、選択肢A－Ⅰ＝選択肢A－２

制約条件に照らすと、

■「衣料品分野以外」では、選択肢A－ⅠはNG、選択肢A－２はOK
■「他者とのアライアンス、コラボ、M＆A」では、選択肢A－Ⅰ、選択肢A－２ともにOK
■「累損は50億円まで」および「最初の２年間は複数の用途候補を並行して探索

する」では、選択肢A－1、選択肢A－2ともにOK
となるからです。

結局、制約条件「衣料品分野以外」によって選択肢A－1は外れてしまいます。

そして、判断基準の「収益性」の期待値の大きさについて、選択肢A－1よりも選択肢A－2のほうがポテンシャルとして大きく狙い得るという点で選択肢A－2がA－1に勝る差がつきました。


このように、**目的、判断基準、制約条件をはっきりさせて議論を進めていく「ロジカルシンキング」の「型」は、多くの議論・判断の場面で有効です。**

「ロジカルシンキング」の「型」に沿って議論を進めていけば、無駄な議論や議論の迷走が避けられます。

「目的」と「判断基準」「制約条件」の合意なくして取捨選択の議論を進めると、延々とメリット・デメリットの比較議論を続けてしまって結論の合意に至り難くなってしまいがちです。また、**「制約条件」を緩める・書き換える工夫ができると、ウィン・ウィンの合意に至りやすくなります。**

議論の場においては、常に、「目的」と「判断基準」「制約条件」をはっきりと意識します。

そして、異なる意見に対しても、その意見の元にある「目的」「判断基準」「制約条件」について確認・議論を進めることによって、参加者それぞれにとって納得感のある結論へ至ります。

6-2

「合意を得る・影響力を発揮する」の型

i 自らの目的を確認する

ii 相手の目的を想定する

iii 自らと相手の制約条件を想定する

iv 議論の展開シナリオを組み立てる

v 臨機応変に対応できるように備える

vi 合意案をアップデートする

vii 合意する・影響力を発揮する

ビジネスシーンに限らず、団体・チームで、複数の友人との間で、さらには家族で何がしかの活動をする際には、合意を得る・影響力を発揮する場面が数多くあります。このような場面でも「ロジカルシンキング」を活用した「型」が有効です。

i　「自らの目的を確認する」：こちらの目的を自ら確認する

ii　「相手の目的を想定する」：相手の目的を想定する。さらに、相手の興味、反対する理由、賛成する理由も想定する（ステークホルダー視点）

iii　「自らと相手の制約条件を想定する」：自分の制約条件を整理すると同時に、相手の制約条件を想定する。相手の制約条件は、議論・会話を進めていくプロセスを通じてより明らかとなり、アップデートされていく。そして、ウィン・ウィンの合意に至る道筋では、この制約条件をお互いに緩和していく工夫がポイントになる

iv　「議論の展開シナリオを組み立てる」：相手と自分の間で共有・合意できるポイントを見出して合意に至るプロセス・議論を展開するシナリオを組み立てる。総論賛成・各論反対の状態が合意に至る議論のスタートライン。何がしかの合

意がないと建設的な合意・協力を取り付ける影響力を発揮し難くなる。ちなみに、総論賛成・各論賛成であれば、すぐさま合意に至る

v 「臨機応変に対応できるよう備える」：議論を展開するシナリオにしたがって、議論を進める中で、相手が想定外の反応をすることも多くある。そのために、プランB、プランCを準備する

vi 「合意案をアップデートする」：議論が進んで双方の制約条件、制約条件緩和の余地、譲歩の余地が明らかとなってくると、ウィン・ウィンで合意できる内容へ合意案を進化できる。この合意案をアップデートしていくための、制約条件緩和の余地、譲歩の余地をうまく見出していく議論の進め方が肝となる

vii 「合意する・影響力を発揮する」：ウィン・ウィンの合意案に至って合意する。ウィンウィンに至れるとポジティブに影響力も発揮される

それでは、具体的な家族会議のシーンへ当てはめてみましょう。

A　どのクルマへ買い替えるかを相談する家族会議のケース

i　「自らの目的を確認する」：父母世代としては、現在のクルマが壊れたので、少し高級で買い物とゴルフがラクになるクルマに買い替えたい

ii　「相手の目的を想定する」：息子世代としては、現在の父母のクルマが壊れたので、次は3世代合わせて旅行を楽しめるクルマに買い替えてほしい

iii　「制約条件を想定する」：自分の制約条件：予算の上限金額（XXX万円）、年寄りでも運転しやすい・大きすぎない、自動運転・衝突回避機能付、荷物の出し入れが簡単。相手の制約条件（想定）は、3世代が乗れる6、7人乗り、たくさんの荷物が載せられることである

iv　「議論の展開シナリオを組み立てる」：まず、現在のクルマが壊れたために新しいクルマに買い替えることについては合意。買い替えるクルマの候補については意見が食い違っている総論賛成・各論反対の状況。合意に至る議論展開のシナリオとして、①それぞれに欲しいクルマの候補を列挙して共有する、②実車を

見にいく・試乗する、③具体的な候補を3~5車種程度選定して検討する。その際、それぞれの目的ができる限り達成できるよう、双方の目的と制約条件をオープンに共有して話し合う

v
「臨機応変に対応できるよう備える」：高級車となると予算オーバーとなるクルマも含まれたのでプランBとして程度のよい中古車も選択肢に入れて検討することに。さらに、プランCとして、日常の父母の目的・希望を最優先して、3世代の旅行の時はカーシェア・レンタカーを借りると割り切ることも選択肢に入れるように

vi
「合意案をアップデートする」：議論が進んで双方の制約条件、譲歩の余地が次のように明らかになった

■ 父母の制約条件：日常使いとして買い物とゴルフがラクになることが必須。3世代の旅行に便利な大型のミニバンは受け容れ難い。また買い替え予算も大幅には増やせない

■ 父母の譲歩の余地：3世代で旅行する際には、大型のミニバンをカーシェア・

レンタカーで借りる。その際のレンタル代は父母が負担してもよい

■ 息子の制約条件：大型のミニバンを自分家族用に欲しいが、駐車場が高額で所有できない。特に孫世代が幼少なこれからの5年間に大型のミニバンを使いたい（3世代で自然豊かなところへたくさん旅行して、父母ともよい時間・思い出をたくさん作っておきたい）

■ 息子の譲歩の余地：3世代で旅行することが目的なので、大型のミニバンはカーシェア・レンタカーでもよい

vii 「合意する・影響力を発揮する」：このように、それぞれの制約条件と譲歩の余地が明らかになってくると、

■ 最終案：父母が高級なステーションワゴンの中古車を購入し、3世代で旅行する際には大型のミニバンをレンタル（費用は父母が負担）する

という案でウィン・ウィンの合意となるでしょう。このような合意を得る・影響力

を発揮するという場面は、交渉の入り口です。人と人とが交わる・協働活動する場面は交渉事に溢れています。

i「自らの目的を確認する」
ii「相手の目的を想定する」
iii「自らと相手の制約条件を想定する」
iv「議論の展開シナリオを組み立てる」
v「臨機応変に対応できるよう備える」
vi「合意案をアップデートする」
vii「合意する・影響力を発揮する」

の**「合意を得る・影響力を発揮する」の型に沿って「ロジカルシンキング」を続けていきましょう。**

6-3

「問題解決する」の型

i 抱いている問題意識・課題意識を整理・言語化する

ii 目指す姿を言語化・ビジュアル化する

iii 現状の課題を洗い出し、整理・分析する

iv 問題・課題の構造・根源課題を見極める

v 解き方・問題解決の方法・スキームを案出する

vi 実行における障害と対応策を想定する

vii 問題解決のアクションプランを策定する

viii 実行・振り返り・改善を続ける

第 6 章
ビジネス・日常のシーンで

これまで解説してきた通り、「ロジカルシンキング」を活用する場面は、ビジネスシーンにおける問題解決を目的として思考する場面よりも広く捉えて活かしていくことを強調したうえで、本節では、ビジネスシーンにおける問題解決の「型」を解説します。問題解決の基本となる「型」は次のⅰからⅷです。

ⅰ（漠然とでも）抱いている問題意識・課題意識を整理・言語化する
ⅱ 目指す姿を言語化・ビジュアル化する
ⅲ 現状の課題を洗い出し、整理・分析する
ⅳ 問題・課題の構造・根源課題を見極める
ⅴ 解き方・問題解決の方法・スキームを案出する
ⅵ 実行における障害と対応策を想定する
ⅶ 問題解決のアクションプランを策定する
ⅷ 実行・振り返り・改善を続ける

この問題解決の「型」に沿って、日本企業における女性登用のケース（第2章第3節

「システム思考・構造化」で解説したケースです）を考えてみましょう。

i　（漠然とでも）抱いている問題意識・課題意識を整理・言語化する：女性の幹部登用促進が唱えられながらも、当社の現実は微々たる進展しかできていないのはなぜだろう。どうしたら本格的に女性の幹部登用を促進できるのだろう

ii　目指す姿を言語化・ビジュアル化する：5年後に当社における執行役員構成および幹部職構成のうち女性登用率が3割以上に至っている

iii　現状の課題を洗い出し、整理・分析する：現状における状況・課題を洗い出して重要なことを整理すると、女性のライフプランが十分に受け容れられていない、女性の制約事情には不寛容のままである、女性上司の下では働きにくいと感じる男性社員が少なくない、意外な視点からの指摘や議論に対して十分にオープンではない、女性は優秀であっても出世できない、などなど、さまざまな課題が洗い出される

iv　問題・課題の構造・根源課題を見極める：課題の構造は、悪循環として見極められ、さらに、この悪循環の根源課題は、「現状の制度が女性のライフプラン

システム思考・構造化 ― 悪循環

なぜ、大企業において「女性の登用拡大」が20年以上もテーマに掲げられながら、実体としてあまり進まないのか？

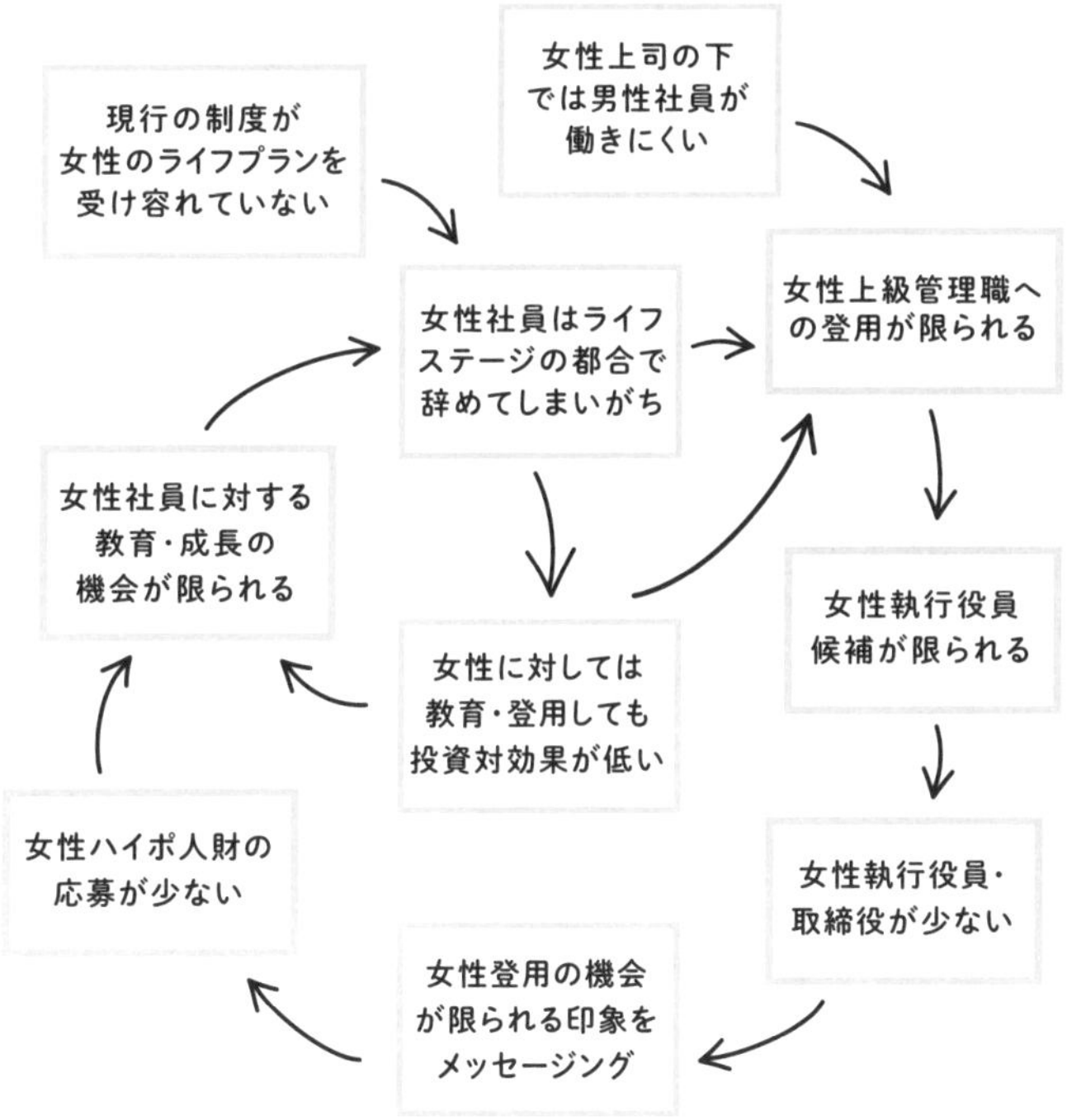

システム思考・構造化 ― 好循環

大企業において「女性の登用拡大」が20年以上もテーマに掲げられながら実体としてあまり進んでいない。どうすれば進めることができるのか?

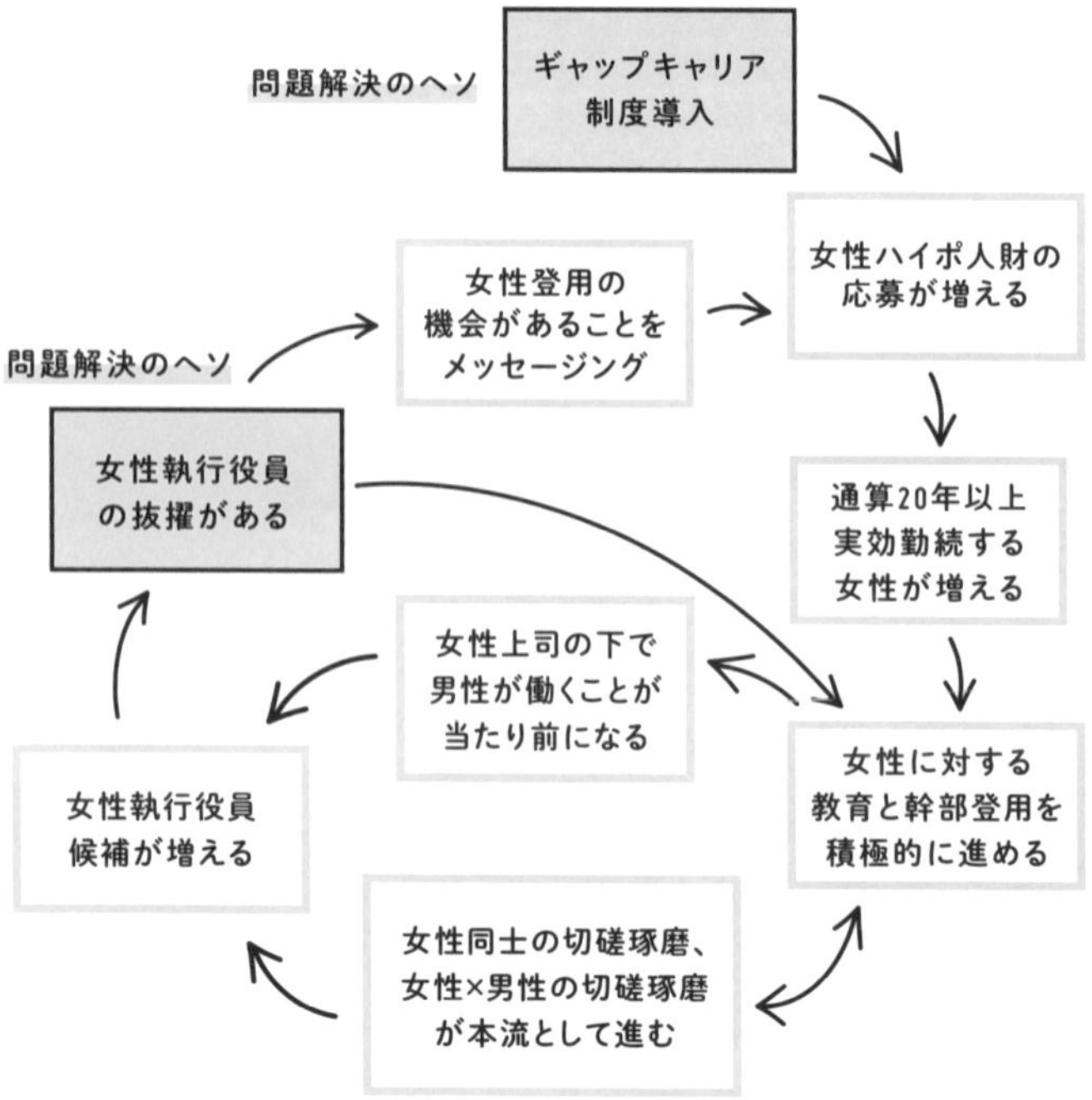

問題解決のヘソ
ギャップキャリア制度導入
女性ハイポ人財の応募が増える
通算20年以上実効勤続する女性が増える
女性に対する教育と幹部登用を積極的に進める
女性同士の切磋琢磨、女性×男性の切磋琢磨が本流として進む
女性執行役員候補が増える
問題解決のヘソ
女性執行役員の抜擢がある
女性登用の機会があることをメッセージング
女性上司の下で男性が働くことが当たり前になる

を十分に受け容れていない」「女性に対する教育・成長の機会が限られている」ことと見極められた

v　解き方・問題解決の方法・スキームを案出する：見極められた悪循環から脱出して好循環へ転じていく解き方（問題解決のへソ）は、「ギャップキャリア制度」を導入し、「女性執行役員を抜擢人事」すること。これによって女性幹部登用を促進する好循環を起動する。そして、進めながら、さらなる改善を重ねていく

vi　実行における障害と対応策を想定する：「女性のみの特別優遇」と捉えられる不満や、抜擢した女性幹部個人に対する批判、さらに、上級役員が本気で女性幹部をサポート・教育しない、などの想定される障害に対して対応策を組み込む。例えば、具体的な抜擢の女性候補として、社内で受け容れられやすいポストと候補人財をセットで選抜する。さらに、上級役員の評価へ当該女性幹部のサポート・育成を重点評価ポイントとして追加する、あわせて、「ギャップキャリア制度」については、女性に限らず全社員を対象とするなどを想定する

vii　問題解決のアクションプランを策定する：この問題を担う上級役員を指名し、

導入開始期日を定めて、直近1年間の具体的なアクションプランを組み立てる

viii 実行・振り返り・改善を続ける：半年ごとに、当事者および関係者へヒアリングを進めながら振り返りと改善を進める

ビジネスシーンにおける問題解決の基本となる「型」の具体的なイメージが描けたでしょうか。実践を重ねながら磨いていってください。

また、ビジネスシーンで問題解決するという場面では、戦略思考という言葉も多用されます。戦略思考とロジカルシンキングについても、シンプルに区別しておきましょう。

戦略思考は、文字通り「戦略」を考える思考です。

では、**「戦略」とはそもそも何のことなのか。極めてシンプルに突き詰めれば、「普通のやり方では成功し得ない場面でも、工夫を凝らして成功へ至らしめる方策」です。**

したがって、普通にやって成功できるなら「戦略」は不要です。「損して得とれ」「急がば回れ」は普通ではやらない方法をわざわざとって成功しようとする立派な戦略

です。

すなわち、普通にやっていてはどうにも成功できないような制約条件・難題満載の状況にこそ、戦略思考の醍醐味があります。

したがって制約条件満載、弱みばかりの「弱者」が成功していく「弱者の戦略」にこそ戦略思考の真髄が発揮されます。そんな戦略思考の真髄を発揮するために、「ロジカルシンキング」の基本技が活かされます。

わかりやすいアナロジーは、制約条件満載の「狭小住宅」を設計する建築家の思考です。予算が限られ、敷地が狭くて形状もいびつな立地に、家族4人でゆったり居心地よく暮らせ、日当たり・風通しがよくて、駐車場もあり、趣味のスペース、子どもの勉強部屋、両親・ゲストも泊まれるような……というモリモリの要求を満たせるよう、建築構造の選択、各フロアプランの設計、インテリアの設計、施工法の選択など、普通のやりようでは到底無理な施主の要求に応えられるよう「ロジカルシンキング」の基本技をフル回転して建築プラン（戦略）を具体化します。

事業戦略思考の全体観

市場・顧客・エンドユーザーを見極める
競合相手・業界構造を見極める
事業環境(PESTなど)を見極める
未来志向で発想する
できるだけシンプルにしたい
とはいえマルチサイドPF(MSP)は必修のモデル
A ポジショニング
どの市場で誰にどのような価値を提供するのか?
ズラす、裏をかく
ブルーオーシャン、ニッチへ
競争するも差別化
B ビジネスモデル
どうお金が流れて自社のマージン(粗利)を作るか?
売り切り/サブスク
マルチサイドPF(MSP)
無制限保証(統計的設計)
3+1の戦略要素がカチッとハマるまで相互調整(仮説思考)を繰り返す
プロトタイピング
D フェージングシナリオ
どのように成長していくか?
スケールアップ
水平展開
拡業
C オペレーション
どのようなオペレーションプロセスによって提供価値をデリバリーするか?
イノベーション
デリバリープロセス
新技術
組織体制・人財育成・文化
M&A、コラボ
キャッシュフロー・ファイナンス
プロトタイピング、アダプティブアプローチ
未来志向で発想する
オペレーションを深く極める
価値の閾値・十分条件を超える
新技術・イノベーションを組み込む
組織のケイパビリティが制約条件
移行計画が肝

「戦略」は、問題解決の一つのパターン・分野です。そして、問題解決は、「ロジカルシンキング」の技を活用する一つの場面なのです。

「戦略」については、「事業戦略」「競争戦略」「オペレーション戦略」「組織戦略」「イノベーション戦略」「移行戦略」「交渉戦略」「メディア戦略」などなど、いろいろな枕詞がついていて、実に多種多様です。

それだけ戦略思考が活用される、必要とされる分野が多いということです。このように、ビジネスシーンにおける多種多様な戦略を体系的に俯瞰すると、戦略の種類を「ポジショニング」「ビジネスモデル」「オペレーション」「フェージングシナリオ」の4つに括ることができます。

これは、階層思考（レベル観思考）によるグルーピングの切り口の一つですが、このように括ってマッピングすると、多様な「戦略」の応用分野・バリエーションの全体像を捉えやすくなります。

6-4

雑談力

自分と相手、それぞれの目的を認識して目的達成する

共感のサイン（ボディランゲージ）を送り続ける

同意はせずとも受け容れる

コミュニケーションスキル≠ピラミッドストラクチャー

聞き役+受け容れ>自分の主張

を心得て、会話を組み立てる!!

雑談にも目的があります。その目的を達成するよう、会話を組み立てます。したがって、ここでも「ロジカルシンキング」が活躍します。漫然と話しているのでは、雑談という貴重な機会を有効に活かせずもったいないです。

雑談の目的を考えてみましょう。

例えば、左記のような目的がよくあります。

- お互いに受け容れ合っていることを確認する
- 気持ちを癒す、楽しい気持ちになる
- 仲良くなる（初対面の場面も含めて）
- お願いごと・相談をしやすくするための導入・準備とする
- 厳しいことを伝えるための導入・準備とする
- 相手（人となり、バックグラウンド、趣味、得意、価値観、習慣、気質・性格など）をもっと理解する
- 落ち込んだ自分の気持ちを立て直す

雑談においては、特に、その背後にある「目的」の理解と相手の「ステークホルダー視点」が重要です。これらを取り違えると、雑談においてもすれ違ってしまいます。とてももったいないです。

夫婦・カップルの会話で、「ただ話を聞いてほしいだけ、そこで、反論や解決策を言ってほしいわけではない！」というやりとりがしばしば起こってしまいます。このような言葉が発せられた時は、会話がすれ違っています。これは雑談の背後にある「目的」と「ステークホルダー視点」を取り違えていることが原因です。

このようなケースでは、話し手の雑談の目的は「話を聞いてもらって、共感してもらって、自分の気持ちを癒したい、整理したい」ということでしょう。「ステークホルダー視点」から確認すると、話し手は、何か落ち込むようなことがあったのでしょう。そして、今、落ち込んでしまっていて、救いの手を相手に求めている状況でしょう。

このように「目的」と「ステークホルダー視点」を適確に認識できれば、雑談の機会をよりよい機会とできます。

日常シーンでロジカルシンキング

日常では特に……

**目的と場面に応じて……
さらに感情ファクターも考慮して!!**

ロジカルシンキングは統合司令塔・総合格闘技
～短絡的・部分的ロジカルシンキングは事故の元～

そして、雑談の後、担手は気持ちが癒され、雑談の目的が達成されます。その結果、夫婦・カップルの関係性・絆もさらによくなるでしょう。

また、仲良くなりたい相手との初対面の会話、あるいは、大事な商談でお会いする初対面の相手と会話するケースについても考えてみましょう。

会話は、雑談から始まります。そして、雑談からの印象が第一印象として、お互いの脳に深く刻まれます。したがって、最初の雑談は、とても大事な時間です。

それが理解できれば、まずは、「初対面から仲良くなる」という目的の達成に向けて準備します。「ステークホルダー視点」で相手の関心・問題意識・当たり前などを想定します。必要であれば、事前に簡単な調査もします。

あるいは、有効な紹介者を介するようアレンジします。そして、初対面の瞬間、自分の全身から「あなたとぜひお会いしたかった！」というオーラが出るよう自分自身の心持ちを盛り上げ、目線、表情、第一声、声のトーン、姿勢・身振り・手振りなど、全身運動を駆使します。

そして、会った瞬間から相手と共感のキャッチボールが始まるよう会話します。このように初対面を準備できれば、最初の雑談がとても有効になってお互いにポジティブな関係になれるでしょう。

雑談における留意点がさらに4つあります。

一つ目は、相手を受け容れ続ける、共感しているというサインを送り続けることです。このサインは、言葉だけではなく、目線、表情、声のトーン、姿勢・身振り・手振りなどの全身運動、ボディランゲージまでを含みます。

じつは、ボディランゲージのほうがより重要です。このサインの出し方については、自分自身のボディランゲージを動画に撮って客観視してみる、あるいは、親しい友人や家族に、あなたのボディランゲージについてどう感じたのか聞いてみるといいでしょう。いろいろなバリエーションを試して、自分自身のスタイルを磨いていってください。

2つ目は、「同意はせずとも受け容れる」です。当然ですが、相手が自分とは違う意見を持っていることは当たり前にあり得ます。

また、ヒトが話すことには二面性・パラドックスをはらんでいることもあります。必ずしも本心が言葉として発せられるわけではなく、むしろ、本心とは反対のことが語られることも多々あります。

ヒトとはそういうものだと、ややシニカルですが、割り切って受け容れましょう。自分とは意見が違うな、あるいは、この二面生・パラドックスの矛盾に気づいたとしても、決して、その場で反論したり、矛盾を突いたりするようなことはせず、一旦、淡々と受け容れて、雑談の目的達成に努めます。

この時、「同意はせずとも受け容れる」という心の準備が求められます。「同意はせずとも受け容れる」は、さまざまなコミュニケーションの場面に活かせる黄金律です。ぜひ、この機会に覚えておいてください。

3つ目は、特に、雑談においては、ピラミッドストラクチャーで考えて思考の整理をするのは有効ですが、コミュニケーションスタイルとしては、ピラミッドストラクチャーは使わない、ということです。

コミュニケーション法としては、それぞれの場面の目的と相手のステークホルダー視点に応じて多様なパターンから有効なものを選択して工夫します。

コミュニケーションスタイルとしてピラミッドストラクチャーが有効となる場面は、むしろ、ビジネスシーンなどの特定の場面に限られます。

4つ目は、聞き役＋受け容れに徹することです

雑談は、ただ話すことが目的ではありません。「ただ話したい」という一時の欲求から自分中心で話しすぎるとすれ違ってしまい、かえって相手との距離感も離れてしまいます。話し好きな性格のヒトは特に要注意です。巧みな相づち表現と質問を意識的に多用して、聞き役＋受け容れに徹しましょう。

雑談においても必ず背後に明確な目的があります。この目的を明確に意識して、相手のステークホルダー視点に立って会話を組み立てる思考は「ロジカルシンキング」です。

さらに、雑談の内容や展開、さらに、コミュニケーションスタイルの工夫においては、感情的なファクターも含めて雑談の目的が達成されるよう「ロジカルシンキング」します。

第 7 章

ロジカルシンキングと発想法

本章が最終章です。

ロジカルシンキングを極めていくと、発想法との関係や、発想法を伸ばして磨いていく方法が気になってきます。

ロジカルシンキングを極めると、発想法が磨かれるのか？

そもそも発想法は、ロジカルシンキングの延長線上にある脳内活動なのか、はたまた、右脳と左脳と言われるようにまったくの別物なのか？

本章では、このような、どうしても気になる、避けられない疑問について解説します。

7-1

ロジカルシンキングと発想法の関係

- ✓ ロジカルシンキングを極めても「発想法」は始まらない
- ✓ 言語ルールとコンテンツの関係
- ✓ 「発想法」の起動力・エンジンは、あなたの「好き嫌い」「興味」「問題意識」、どれもみんな持っている
- ✓ 一旦「発想法」が走り始めると、ロジカルシンキングとのシナジーで発想法のサイクルがどんどん回る

まず、発想法とロジカルシンキングの関係をまとめます。
ポイントは次の4点です。

- 「ロジカルシンキング」を極めても「発想法」は始まらない
- 「ロジカルシンキング」と「発想法」の関係は、言語ルールとコンテンツの関係
- 「発想法」の起動力・エンジンは、あなたの「好き嫌い」「興味」「問題意識」、どれも皆持っているもの。「質問リスト」を厚くしよう
- 一旦「発想法」が走り始めると、ロジカルシンキングとシナジーして発想法のサイクルがどんどん回る

これから、それぞれの詳細を順番に解説していきます。

7-2

「ロジカルシンキング」からの「発想法」?

ロジカルシンキングを極めていくと……
発想法も磨かれていくのか?

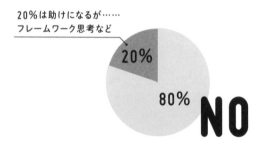

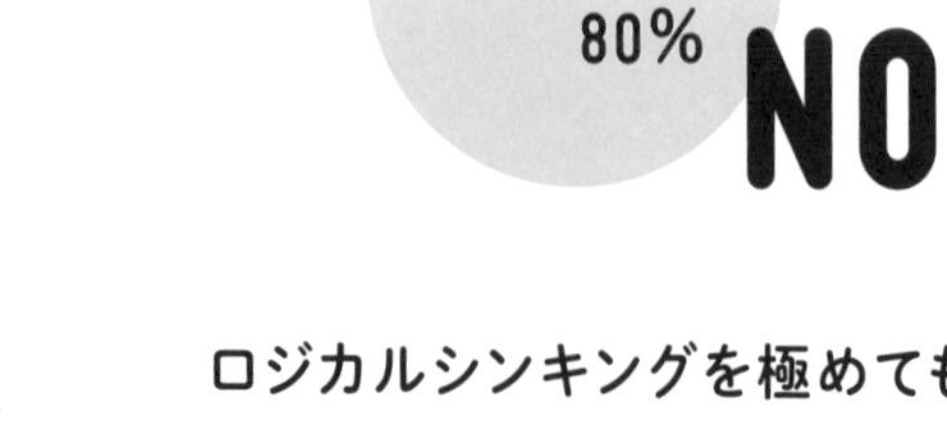

ロジカルシンキングを極めても
「発想法」は始まらない!!

第 7 章

ロジカルシンキングと発想法

ロジカルシンキングをいくら極めても発想法は始まりません。それは、言語ルールであるロジカルシンキングをいくら磨いても、面白い話・コンテンツは生まれないからです。ロジカルシンキングと発想法の関係は、言語ルールとコンテンツの関係です。面白い話・コンテンツを生むためにはネタを発想することが必須です。すなわち、ロジカルシンキングをいくら磨いても、ネタを発想する発想法は始まらず、発想力が磨かれることにもならないのです。

とはいうものの、ロジカルシンキングの一つであるフレームワーク思考を援用することによって、発想のきっかけが得られる、発想を拡げられることもあり得ます。

このフレームワーク思考による発想法への貢献度は、そもそもフレームワークが一定の枠組みの中における「思考の漏れ」を防止するためのツールであることから、大きめに見積もってもせいぜい2割止まり程度と推定します。

それは、フレームワークを活用することで、フレームワークが暗黙に規定するユニバースの範囲内に、思考の自由度が制約されるからです。

新発見・新発想はえてして、現状のフロンティア・境界線・制約の外側まで視野・

思考を拡げることから得られるものです。したがって、フレームワークを活用して発想を拡げることは一定レベルまで有効ですが、新発見・新発想を生むということに対してその有効性は限定的です。

したがって、「発想法を磨く」ためにはフレームワーク思考が有効として指南する教材が数多くありますが、それは、一部の助けになる程度にとどまるものです。

「発想法」を本質的に磨くためには、ロジカルシンキングとは別の手法となる「発想法の全体像」（本章第5節でまとめます）を理解して磨いていくことが求められます。

7-3

「発想法」の起動力・エンジンは？

あなたの

✓ 好き嫌い — これ……みんなにある

✓ 興味 — これも……みんなにある、増やせる

✓ 問題意識 — これも……少しはある……増やしたい

これがないと始まらない・深まらない……

芯ができると、雪だるま式に増える

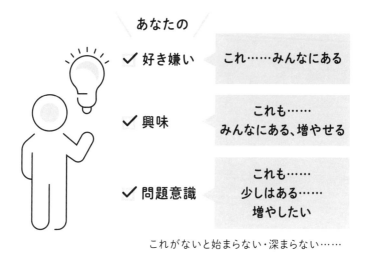

発想法の磨きどころは、まず、最初の一歩となる「発想」を生み出す発想力です。この発想力、発想法の源泉は、好き嫌い、知りたいこと・興味があること、さらに、具体的な問題意識、質問リストがどれだけ脳内に刻まれているか、気になって引っかかっているか、です。


この質問リストが、発想法が走る起動力・エンジンの源泉です。

そして、質問リストの厚さがこの起動力・エンジンのキャパシティです。

この発想法の源泉となる質問リストは、誰でも厚くすることができます。

具体的には、「好き嫌い」「興味」「問題意識」を厚くしていくことです。「好き嫌い」は、誰にでもたくさんあります。「興味」も、誰にでもたくさんあります、そして、どんどん増やせます。「問題意識」についても、何らかの問題意識はあるはずです、そして、増やせます。


ひとたび、「好き嫌い」「興味」「問題意識」の芯ができると、その後は雪だるま式に増えていきます。「好き嫌い」「興味」「問題意識」を感じたことについて、小さなことでも「質問リスト化」していくと質問リストが厚くなって発想法が走る起動力・エンジンのキャパシティが大きくなっていきます。

7-4

「ロジカルシンキング」と「発想法」にシナジー？

一旦「発想法」が走り始めると、
じつはキャッチボールが始まり……
発想法のサイクルがどんどん回る！

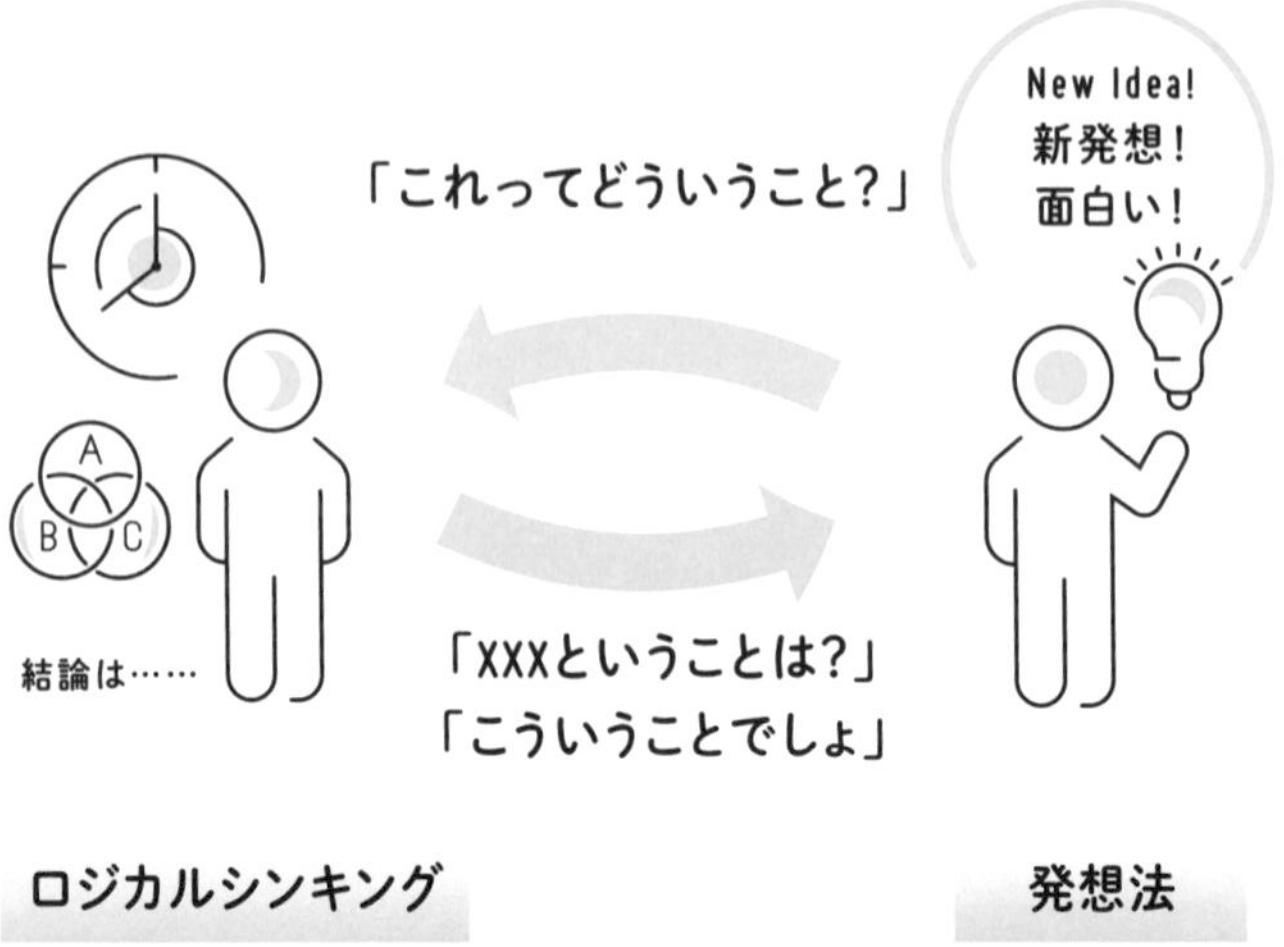
New Idea!
新発想！
面白い！
「これってどういうこと？」
A
B
C
結論は……
「XXXということは？」
「こういうことでしょ」
ロジカルシンキング
発想法

ロジカルシンキングと発想法にはシナジーがあります。「発想されたコト」に対してロジカルシンキングが働いて「本当にそうなの？」「どういうこと？」という建設的な疑問（Constructive Critique）が湧いて次のレベルの発想へと発想の進化を強く促します。

そして、ロジカルシンキングによって、「それってXXXということか！」「それではXXXでは？」と発想を次のレベルへ進化させる具体的なきっかけ・ヒントに展開します。

すなわち、**一旦「発想法」が走り始めると、ロジカルシンキングと発想法のキャッチボールが始まって発想法のサイクルがどんどん回り始めます。**

また、新発想を現実化させていくプロセスでは、ロジカルシンキングが発想法とコラボして大活躍します。発想法とロジカルシンキングの相互補完・相乗効果、シナジーの真骨頂です。

新発想を現実化させていくプロセスは、「①拡げて」「②叩いて」「③また拡げて」「④再組み立て」からなります。

「①拡げて」は発想法で拡げます。「②叩いて」はロジカルシンキングによって「とはいえ……本当か？　できるのか？」と叩きます。「③また拡げて」は、発想法とロジカ新発想を現実化するロジカルシンキングでは……

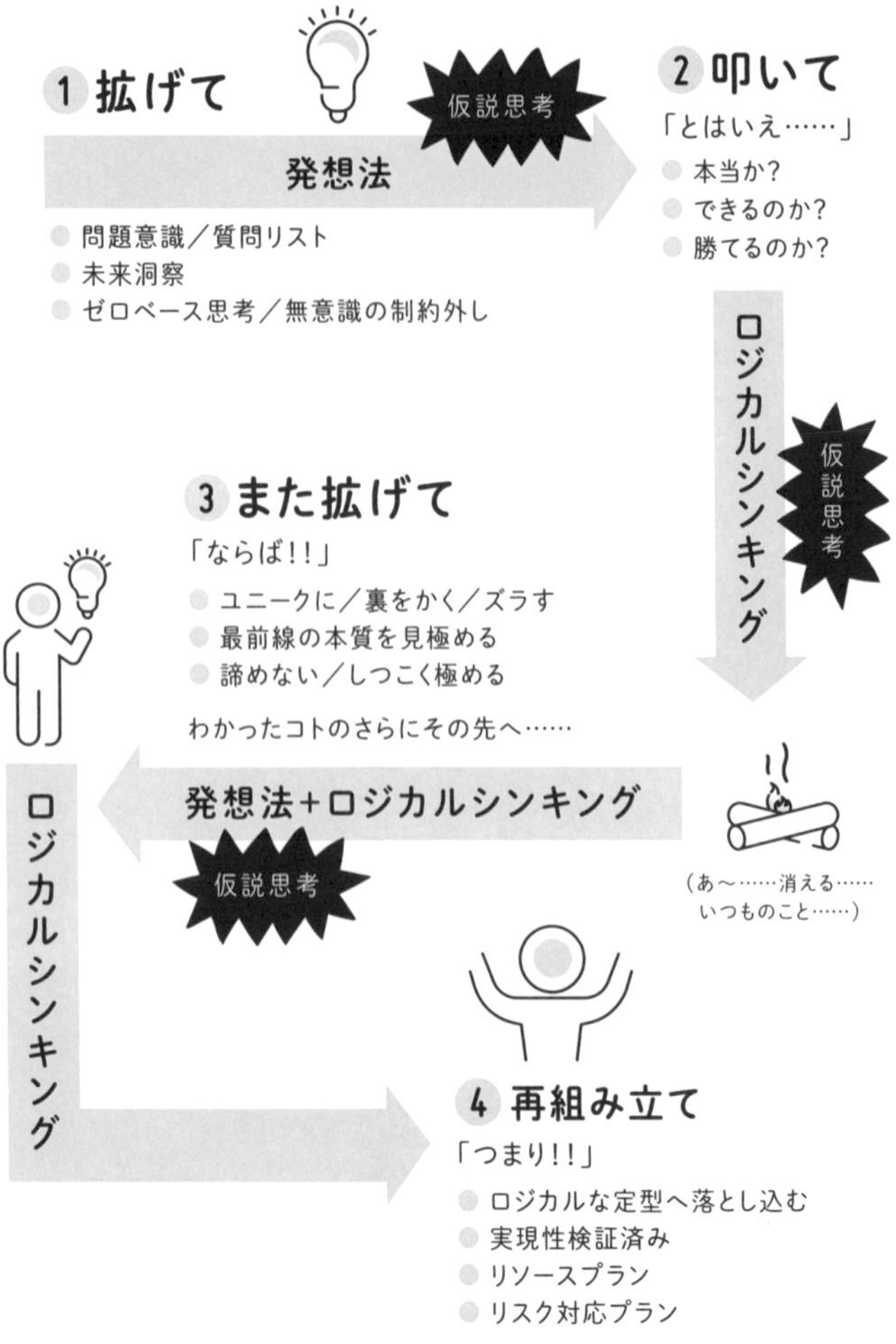

1 拡げて
仮説思考
発想法
問題意識／質問リスト
未来洞察
ゼロベース思考／無意識の制約外し
2 叩いて
「とはいえ……」
本当か？
できるのか？
勝てるのか？
ロジカルシンキング
仮説思考
3 また拡げて
「ならば!!」
ユニークに／裏をかく／ズラす
最前線の本質を見極める
諦めない／しつこく極める
わかったコトのさらにその先へ……
発想法+ロジカルシンキング
仮説思考
（あ～……消える……
いつものこと……）
ロジカルシンキング
4 再組み立て
「つまり!!」
ロジカルな定型へ落とし込む
実現性検証済み
リソースプラン
リスク対応プラン

ルシンキングの双方を使って「ならば、XXX」と新しくかつ現実的なものへ再び拡げます。「④再組み立て」は、ロジカルシンキングをフル回転して「つまり、XXX」と実現に向けたアクションプランなど、ロジカルな定型へ再組み立てして、落とし込んでいきます。

7-5

発想法の全体像

新発想!!
本気でガラポン
再組み立て
新鮮な話
面白い話
一旦、
自分の考えに飽きて
解き放って
似て非なるコトに
共通点を見出す
つないで
集めて
仮説思考
質問リスト……
気になるリスト……
論理的チェック&
後押し
ロジカル
シンキング
発想法の起動力・エンジン
芯ができると、
雪だるま式に増える

発想法は、「集めて」「つないで」「解き放って」「再組み立て」のプロセスからなります。「発想法の起動力・エンジン」が大きくなると、最初の起点となる「集めて」のところが厚くなります。

あなたの「発想法の起動力・エンジン」の源泉となる「好き嫌い」「興味」「問題意識」があなたの「質問リスト」を厚くします。そうなると、自然と探究のアンテナが拡がって「質問リスト」に少しでも関連するようなコトを感知する感度が格段に上がります。

その結果、なんとなく触れた情報、景色、会話からも「質問リスト」に関わるコトに出合う頻度がかなり高くなります。そして、何か「質問リスト」に関わるコトが向こうから降ってくるように感じられるようになるでしょう。

それほどに世の中は、あなたの「好き嫌い」「興味」「問題意識」に関わる面白いコトで溢れています。そして、あなたは、自分自身の「好き嫌い」「興味」「問題意識」に関わるコトを能動的にも探究して集めるようになるでしょう。この時、ネットや記事などからの検索・間接情報にとどまらず、現場の最前線にある現地現物に触れてください。

実際にモノゴトが動いている現場の最前線に直接触れて観察し、実際に思考・行動した当事者の方々と直接会話してください。

現場最前線の現地現物には、「真実」があります。

現地現物にこそ、本当の「真実」があり、未開拓の「新発見に至るタネ」がありま す。

まずは、「発想法の起動力・エンジン」のキャパシティ拡大に向けて、「質問リスト」を20個以上作って、ネタが降りてくる感覚を感じられるようになりましょう。


「つないで」では、何かと何かが、不思議とつながる発見の瞬間を面白い！　とワクワクして楽しみます。一見、無関係なコトがつながって面白い、新発見が組み上がる、「似て非なるコト」同士がつながって「新機軸」「新発見」に至ると、えもいわれぬ興奮を覚えます。これはダジャレ思考と通じるところがあります。

そして、イノベーションは、複数のコトの新しい組み合わせ（新結合 neuer Kombinationen）ですので、この「つないで」思考はイノベーションへの入り口でもあります。

えてして「ダジャレ」の天才の発想が面白いのは、この「似て非なるコト」をつなぐ「つないで」思考に長けているからです。「似て非なるコト」を「つないで」面白い！　新発見の瞬間を楽しんで増やしていきましょう。

「解き放って」では、一旦、面白い！　と発想した自分の考え・発想に自ら飽きる、否定する別人格になってみます。

すなわち、客観的に自分を外から見る立場をとって、「これいけてないなぁ」「それは違うんじゃないか？」と自問します。

あたかも、幽体離脱した別の自分が、外から自分を見ている感覚です。「これいけてないなぁ」「それは違うんじゃないか？」と自問すると、さらに、今の考え・発想の先が拓けて見えてきます。

幽体離脱の「解き放って」は、新発見・新発想が湧き上がって興奮したワクワクが冷めてから進めるのがおすすめです。つまり、頭を冷やしてからです。一晩置いてから「解き放って」幽体離脱を進めてみましょう。

多くの場合、「これいけてないなぁ」「それは違うんじゃないか？」と自問すると、昨日まで興奮してワクワクしていた新発見・新発想が薄っぺらく感じられてしまうことが少なくありません。

そして、薄っぺらく感じることが、新発見・新発想を確かなものにしていく深い思考へとつながります。もちろん、薄っぺらいと感じ、そのまま、却下となることもあり、この「解き放って」プロセスで新発見・新発想の淘汰・選別も起こります。

「再組み立て」では、「解き放って」プロセスにおける淘汰の結果として探究思考を続ける対象となった新発見・新発想を、さらに本気で再組み立てをして、本当に意義ある新発見・新発想へと組み上げます。うまく組み上がった時には「そうか、これだ!」という大きな興奮を感じるはずです。

この「再組み立て」プロセスでは、「解き放って」プロセスで薄っぺらく感じられた部分を立て直そうと、さらに、視野を拡げ、他のネタを拾っては組み合わせ、場合によっては、その組み合わせた次の新発見・新発想に対して再び「解き放って」プロセスを繰り返し、繰り返した「解き放って」プロセスを乗り越えて「そうか、これだ!!」に至ります。

この時、あなたの新発見・新発想は、他の人々にとっても新鮮で面白いものとなっているでしょう。

おわりに

世の中は、協議、相談、主張、反論、合意、承認、交渉に溢れています。協力・サポートを得たいとき、承認・合意を得るとき、ものを買うとき・売るとき、友人・家族と食事するときのお店選び、お願いごとをするとき、トラブル対応などの場面に溢れています。

それぞれのシーンでロジカルシンキングが有効です。

このとき、うまいロジカルシンキングとは、論理と直感（発想）、そして感情の3つを包含して統合的にロジカルシンキングできることです。

論理は言語ルールで、直感（発想）と感情はコンテンツです。

感情を包含したロジカルシンキングがうまくできるようになると「人間力」が向上して、誰に対してもうまく影響力を発揮できるようになるでしょう。

感情は、とても大事であり、時として、論理よりも感情のほうが、影響力を発揮する際には重要になるものです。

また「世の中は小説よりも奇なり」です。知らないこと、面白いこと、奇怪なこと、に溢れています。このミステリアスで奥深い世の中について、バラエティ豊かな好奇心を持って、多面的な視点で探究し続けることを、ぜひ、楽しんでください。

これが、発想法の起動力でありエンジンであるとお伝えしました。発想法が長けたところへ、ロジカルシンキングが重なってシナジーが回り始めると、世の中には、さらに面白いことに溢れている、と感じられるようになるでしょう。面白いこと、楽しいことがどんどん膨らみます。

本書では、使えるロジカルシンキングの「基本」から「型」を読者の皆さんと共有しました。これを踏み台として、ぜひ、守破離を実践していってください。

まずは真似して「守」、ちょっと工夫して違ったやりようを試して「破」、そして、自分なりのスタイルへ昇華して「離」です。

本書をきっかけに、一人でも多くの方が、ロジカルシンキングをよりシンプルに苦労少なく身に付けていただければ、望外の喜びです。

最後に、このような私自身の問題意識を書籍にする機会いただきました、かんき出版 金山哲也さんへ深く感謝いたします。金山さんよりお声がけいただいたことがきっかけとなり、編集方針の組み立てから、編集サポートと、金山さんなくしては、本書はとうてい実現できませんでした。

そして、マッキンゼー、アクセンチュアで仕事を共にしたメンバー、カーライル、さらに、私が関わらせていただいた企業の方々、私がファカルティであるISL、大学院大学至善館のファカルティとゼミ生の皆さん、株式会社キャリアデベロップメント・アンド・クリエイションのメンバーのそれぞれが貴重な学びと経験の機会を授けてくれました。

あらためて心より謝意を表します。

【著者紹介】

和氣　忠（わき・ただし）

◉――日本道路公団のエンジニアとして高速道路計画・建設に従事したのち、マッキンゼー・アンド・カンパニーにてテクノロジー・製造業分野を担当してパートナー就任、グローバルマネジャートレーナーのメンバー兼東アジア地域マネジャートレーニングリーダーとなる。その後、カーライルグループのアドバイザーとして投資先をサポートし、デジタル化の動きが本格化していくタイミングにてアクセンチュア戦略コンサルティングのマネジングディレクター就任。2017年に働くヒトの可能性を開花させることをミッションに、株式会社キャリアデベロップメント・アンド・クリエイションを起業。

◉――東京大学工学部土木工学科卒業、同大学院修了

◉――スタンフォード大学MBA修了

◉――大学院大学至善館特任教授

なるほどイシューからの使《つか》えるロジカルシンキング

2023年７月18日　第１刷発行

著　者――和氣　忠

発行者――齊藤　龍男

発行所――株式会社かんき出版

東京都千代田区麹町4-1-4 西脇ビル　〒102-0083

電話　営業部：03(3262)8011㈹　編集部：03(3262)8012㈹

FAX　03(3234)4421　　振替　00100-2-62304

https://kanki-pub.co.jp/

印刷所――ベクトル印刷株式会社

　ISBN978-4-7612-7685-0 C0030